Diário de um Corredor

GERENTE EDITORIAL
Roger Conovalov

PROJETO GRÁFICO
Lura Editorial

DIAGRAMAÇÃO
Rodrigo Rosalis

REVISÃO
Tânia H. Moreira de Almeida

DESIGN DA CAPA
Lura Editorial

LURA EDITORIAL
Rua Rafael Sampaio Vidal, 291
São Caetano do Sul, SP - CEP 05550-170
Tel: (11) 4221-8215
Site: www.luraeditorial.com.br
E-mail: contato@luraeditorial.com.br

Catalogação na Fonte do Departamento Nacional do Livro
(Fundação Biblioteca Nacional, Brasil)

Reis, Alvaro
Diário de um corredor / Alvaro Reis

Lura Editorial. São Caetano do Sul - SP. 2015.

ISBN: 978-85-86261-69-5

1. Maratona. 2. Experiências de vida. 3. Corrida.
I. Título.

Índice para catálogo sistemático:
790.

Alvaro Reis

Diário de um Corredor

lura

Agradeço àqueles que me ajudaram a superar o muro e a muralha. Dedico este diário a todos que dividiram comigo passos e histórias nessa jornada. Correndo ou não.

SUMÁRIO

PREFÁCIO

Nos dicionários, correr significa andar com ligeireza, dirigir-se apressadamente, ou com afã, a algum lugar. Já corrida é o ato ou efeito de correr. Mas para quem corre, essas definições são frias, simples, não expressam o que sentimos quando calçamos um tênis e saímos para a rua, seja para treinar, para participar de uma prova ou simplesmente relaxar das tensões do dia a dia e sentir o vento no rosto. Quem faz parte do universo das corridas sabe que seu significado é muito maior, que representa muito mais coisas. Há emoção, há paixão, há sonhos, há desafios, há ensinamentos, há superação, como também há frustrações. Mas que no fim, há uma linha de chegada que vai te colocar numa outra largada.

O que Alvaro Reis traz em seu "Diário de um corredor" são experiências que nós corredores vivenciamos diariamente. Sua história pessoal, entrelaçada com a de atleta, mostra que a corrida é quase uma religião, uma doutrina, uma visão de mundo, uma maneira de encarar a vida. Ele relata sua paixão e o prazer de fazer parte dessa legião de pessoas que reverencia o esporte para ter uma saúde melhor.

Sempre digo que a Maratona de Nova York, a maior, a mais querida e mais desejada prova de 42 km do mundo, é formada por mais de 50 mil histórias. Cada participante está ali por um motivo, disposto a enfrentar adversidades climáticas, físicas e mentais, mas com um objetivo: ser feliz ao pendurar no peito a medalha e desfilar pelas ruas novaiorquinas ouvindo palavras de parabéns, de reconhecimento e de respeito.

E é isso que Alvaro merece: respeito e agradecimento por compartilhar suas experiências. Sua obra é reveladora e inspiradora, além de levar quem não vive correndo a sentir um pouquinho a sensação de fazer parte dele.

Iúri Totti

Jornalista, editor do Pulso,
do GLOBO, e corredor

AQUECIMENTO

"Se você quiser vencer algo, corra 100 metros. Se quiser experimentar uma nova vida, corra a maratona."

EMIL ZATOPEK

Eu conto histórias de corridas. Entretanto, este livro não é apenas um conjunto de relatos da minha vida de corredor. Isso cansaria o leitor mais preparado e mais camarada. Sim, há vários depoimentos. Reunidos, narram um ciclo, com muitas linhas de chegada, sempre acompanhadas de outra largada.

Desejo que você se distraia com algumas passagens divertidas, que aprecie algumas das lições que aprendi. O compromisso é relatar com fidelidade os acontecimentos, sem incrementos. Como diz um amigo meu, a realidade supera a ficção. Não espere grandes vitórias ou resultado esportivo diferenciado. A corrida é apenas o ambiente. Sou mais um amador esforçado, apenas isso. Mais rápido que uns, mais lento que muitos outros. O desempenho é o menos importante.

Narro um período muito intenso da minha vida, de 2009 a 2014. Foram meus primeiros cinco anos de corredor. Vivi surpresas, voltas e reviravoltas, sucessos e fracassos, alegrias e tristezas. São histórias de vida, para leitores esportistas ou sedentários. Antes de algumas delas, cito frases relacionadas com o texto e sugiro músicas. Recomendo ouvir a trilha sonora durante a leitura!

Escrever um diário é materializar seus pensamentos. É registrar um momento com o estrito sentimento do tempo presente, sem conhecer as acomodações que a vida dará aos acontecimentos no futuro. É a fonte primária da sua história, sem análises ou cortes. Seja sincero! Após esse rápido aquecimento, prepare-se. É hora da largada!

CAPÍTULO I

LARGADA!

"Pior que não terminar uma viagem é nunca partir."
AMYR KLINK

Blitzkrieg Bop – RAMONES

Meus primeiros passos

A corrida tem mais praticantes que espectadores. Ou, como classificam os especialistas, é uma modalidade mais participativa que contemplativa. Sempre gostei muito de esportes. A corrida exercia fascínio especial. Acompanhava pela TV o atletismo nas Olimpíadas e a São Silvestre encerrando o ano.

Eu comecei seguindo o roteiro de todo iniciante: corria sempre dias consecutivos, distância e velocidade constantes. No máximo, alternava entre asfalto e areia, ocasionalmente. Minha primeira volta na Lagoa[1] foi ótima, a primeira dupla volta foi espetacular, memorável. Eu ainda era adolescente e preferia esportes com bola: futebol e vôlei. Um dia, eu gostaria de me desafiar na maratona, mas aquilo era muito distante da realidade, quase inatingível. A corrida era esporádica e, geralmente, dependia de companhia. Não era parte da rotina, atividade retomada e abandonada de tempos em tempos. Eu via aqueles corredores passando

1 Falo da Lagoa Rodrigo de Freitas, belo cartão-postal da Zona Sul carioca.

pela orla ano após ano e ficava admirado. Os 7,5 quilômetros (arredondados...) da tal volta na Lagoa eram minha unidade de medida. Percorrer quase três vezes isso era um desafio, embora 21,1 quilômetros seja apenas a metade da mais tradicional distância: a maratona! E assim foi até a idade adulta, entre idas e voltas.

Minha primeira corrida de rua foi a Meia Maratona do Rio, em 2008. Eu tinha quase 27 anos e corria com alguma regularidade. Fazia dez quilômetros duas ou três vezes semanais, sem dificuldades. Na preparação, repeti as distâncias de 12 e 14 quilômetros e concluí uma vez 16 quilômetros. Minha chefe à época também iria participar da prova. Ela tinha treinador e equipe. Minhas dez milhas máximas eram treino usual para ela, o que me preocupava. Eu não tinha uma referência de iniciante. As planilhas pesquisadas na internet indicavam que eu estava apto a concluir. Queria chegar sem traumas, físicos ou psicológicos. Ou seja, sem contusões e me divertindo.

Busco o *kit* da prova na estação do metrô ao lado do trabalho na hora do almoço e me animo com os brindes. Tudo era novidade: boné, camiseta e revista da prova... À noite, empreendi uma pequena discussão doméstica ao argumentar que o jantar de massas da noite pré-corrida deveria ser exatamente com aquele pacote que estava no *kit*. Melhor ou pior, não importava, era o da prova! Eu estava animado como criança em véspera de Natal.

O gel carboidrato que recebi no *kit* foi dispensado. Naquele momento, meu preconceito (e a minha ignorância) não permitiriam. Adicionalmente, eu era iniciante, sim, mas não era burro. Bastava o risco da nova distância, não deveria inovar na alimentação.

Camisa e boné da prova, nada de relógio. Eu queria aproveitar o dia e chegar. Nenhuma dificuldade na subida da Avenida Niemeyer. Quando superei meu recorde de 16 quilômetros, fiquei ansioso. Estava em terreno desconhecido. Concluí acelerando forte pelo Aterro do Flamengo. Estava muito feliz com a conquista. Consegui até registros da façanha! Sou clicado com um sorriso tímido. Tempos depois, fiquei sabendo que há um exército de profissionais da foto espalhados pelo trajeto nas corridas. Fiz várias aquisições tardias.

Nos resultados, verifiquei que o meu tempo foi de 1h 56 min. Na lista, um segundo mais rápido, figurava um colega de 81 anos! Era a primeira lição de humildade das pistas. Boas risadas. Eu era oficialmente um corredor!

(Rio, 28/06/2008)

A Travessia

"Desde que eu pudesse continuar, sem que isso fosse temerário, queria ir até o fim. Era a minha viagem de descobrimento, e o que eu queria descobrir era a mim mesmo."

CHAY BLYTH, participante da primeira regata solitária de volta ao mundo.

Times like these – FOO FIGHTES

São vários os motivos que transformam sedentários em corredores. Uns começaram ao acaso, outros por saúde. Muitos foram influenciados por amigos ou parentes. Cada maratonista tem a sua história. Minha relação com a corrida não é convencional. Talvez seja diferente da maioria... Nunca fui sedentário, não se trata disso. Sempre fui apaixonado por esportes, começando pelo futebol e passando pela maioria das modalidades olímpicas. Lembro do equatoriano Rolando Vera na São Silvestre. Ele venceu de 1986 a 1989. Então, eu tinha no máximo oito anos de idade! Não é toda criança que sabe que maratona tem 42,195 quilômetros. Ou, mais especificamente, não é toda criança que pensa em completar uma no futuro! Assistindo aos Jogos Olímpicos de Barcelona, em 1992, já sabia o que me aguardava um dia. Falo apenas do desafio da distância, claro.

E aquele "um dia" tinha chegado: 23 de maio de 2010 era o dia da primeira maratona. Escolhi Porto Alegre para o desafio. A capital gaúcha reúne as melhores condições de altimetria e clima no Brasil. A afinidade pessoal completava a justificativa. O esperado frio não apareceu. A chuva, constante ao longo da semana, passou e o dia amanheceu apenas nublado, com o sol saindo aos poucos. Temperatura agradável na largada, em torno de 17 °C.

O desafio não começa no dia da corrida, mas certamente muito antes. No meu caso, em dezembro. Informei ao pessoal do treino o meu interesse e tudo mudou. Os treinos de fim de semana, gradativamente, passaram a justificar o nome de "longões". Alguns superaram os 30 quilômetros e as três horas. Sim, sem dúvida é um desafio. Mas sem diversão, ninguém acorda às 6h00 do domingo para fugir da cama e escapar – ao menos por um breve tempo – do forte sol desse verão prolongado do Rio de 2010! Não pode ser apenas a obrigação. Tem que ter prazer a cada passo. Ou pelo menos, na maioria deles... Caso contrário, é melhor ficar nos rápidos cinco ou dez quilômetros.

Dizem que o "filme" da nossa vida pode passar num instante em algumas situações. Nas longas quatro horas utilizadas para correr os 42.195 metros da prova, tenho tempo para ver um longa metragem, com direito aos melhores – e piores! – momentos, ver outros ângulos, câmera lenta ou rápida, a passar o tira-teima etc. Paradoxalmente, só penso no próximo passo e na chegada.

No aquecimento, sinto uma ansiedade sem igual. Lembro dos desafios superados. Momentos difíceis, uma guerra travada dia a dia. Tudo bem, eu já tinha sido apresentado ao meu lado emocional, mas preferia deixá-lo para o pós-prova. Em julho do ano anterior, corri dois quilômetros em gloriosos 15 minutos, o necessário para justificar o verbo. Agora tinha pela frente 40 quilômetros adicionais! Depois de 12 meses que mudam a vida de qualquer um, outro sujeito estava alinhado para a largada em uma maratona. E preparado para cumprir a missão! Engulo as lágrimas, guardando-as para algumas horas depois, quando aquele mesmo local se transformaria em chegada.

Às 7h15 é dada a largada da maratona masculina. Logo nos primeiros quilômetros, um cidadão ouve o apito do meu relógio e pergunta: "Você tá marcando a velocidade?". Resmungo positivamente. "Ótimo! O meu relógio ficou sem bateria. Vou correr ao seu lado a prova toda" – ele retruca. "Ah?! Tá maluco?!" Penso baixinho... O sujeito me acompanhou por uns 15 quilômetros, pedindo boletins constantes. Depois ficou mais lento, mais rápido e sumiu... Acabo conhecendo outro, que também correu Barcelona e São Paulo aquele ano. Corria ali para receber a camisa Marathon Maniacs – categoria bronze, por completar três provas em 90 dias.

A primeira metade da prova foi muito tranquila. Algum incômodo na barriga, mas nada de especial. Sigo um ritmo confortável, de início 5:50 (min:seg por km. Chamamos essa medida de *pace*). Depois um pouquinho menos. Passo pelos quilômetros confortavelmente, sem pressa. Sinto algum incômodo no 31º quilômetro e no 34º quilômetro, com leves e breves subidas. Estou ótimo! Forçando um pouco a partir do 38º quilômetro, faço a minha primeira maratona em menos de quatro horas! O cenário ao meu redor era devastador. Indo a 5:30 min/km – uma velocidade razoável – eu passava por vários corredores com facilidade. Muitos andavam, vários se alongavam ao lado, buscando mitigar as cãibras. Acelero com vontade. Completo o 38º quilômetro em respeitáveis 5:19 min/km, com sobras!

Nada com um passo após o outro, um metro após o outro... Subitamente, tudo muda e fico em situação semelhante a dos meus colegas. Cada metro passa a ser um desafio. Estava quebrado! Os 2,5 quilômetros restantes pareciam uma barreira. Apenas um erro em meses de preparação e estava destruído por completo! Aceito até o isotônico azul estilo Alice no País das Maravilhas. Qualquer coisa que me levasse pelos metros restantes. Pego dois copos d'água e resolvo caminhar enquanto bebo, mais confortável. Estou às margens do Guaíba. Olho à direita e estou a uns 200 metros do "Gigante da Beira-Rio". Maldito "Império do Colesterol" – apelido chileno da dupla Adriano-Vagner Love.[2] Meu time deveria decidir uma vaga na final da Libertadores ali em breve! Os palavrões voltam à mente...

Depois de alguns passos lentos, encaixo um generoso ritmo de 6:20 min/km. "Força total no último quilômetro"! Esse era o plano. Acelero. Acho que algo perto de 5:30 min/km. O que seria muito confortável em situações normais, ali era degradante. Alguns olham a inscrição no peito e gritam meu nome. Nos últimos 300 metros, já com centenas de pessoas cer-

---

2 Eles formavam a dupla de ataque do Flamengo em 2009. Com a eliminação do time poucos dias antes da maratona, o confronto com o Internacional não aconteceu.

cando a chegada, um cidadão olha no meu olho e grita: "Vai Alvaro, força! Falta pouco!" Diante de uma cena dessas, alguém com um mínimo de brio arruma alguma energia e se mata correndo. O relógio marca que fiz esse trecho final em respeitáveis 3:05 min/km. Digno de queniano! Tudo bem, eles correm a prova inteira nessa velocidade... Finalizo em 4h 8 min 8 seg.

Eu estava exausto demais para entender exatamente tudo o que tinha se passado. Sentia uma das maiores emoções da vida, talvez a maior estritamente individual. Felicidade e cansaço se misturavam. Discretamente, eu me sentia realizado. Foram apenas sorrisos. Fiquei tempo indeterminado jogado num gramado. O caminho de menos de um mísero e singular quilômetro – com subida! – até o hotel foi duríssimo. Doíam músculos cuja própria existência eu nem desconfiava.

Sonhei algumas vezes com o cidadão do "Vai Alvaro, força! Falta pouco!". Como saberão com o passar dos quilômetros e das páginas, foi meu segundo maior doping psicológico. Os últimos quilômetros foram os mais difíceis que já corri e, nesse tiro final, as pernas voaram. "*No pain, no gain.*" Sem dor, sem recompensa, numa tradução adaptada minha. Assim fica tudo mais interessante. Quando é a próxima corrida?

(Porto Alegre, 23/05/2009)

Mais uma metade

Mudei de opinião. Acho que definitivamente... Sim, corrida pode ser um esporte radical em qualquer distância percorrida. Depende apenas da intenção do praticante. Não aconteceu nada de especial ao longo desses 21 quilômetros e mais alguns metros. Talvez tenha sido apenas uma intuição pós-prova.

Passo no almoço de massas da equipe para pegar meu *kit* (camiseta, *chip* etc.). Tempo chuvoso. Frio, para padrões cariocas. Um pensamento sem sentido atravessa a mente: "Se eles erraram e estou inscrito na maratona? Seria interessante, o clima está perfeito!". Sem qualquer treino recente para isso, com longões já distantes, não seria uma boa opção. Gostaria desse ótimo clima ao me arriscar nessa distância, mas essa surpresa faz parte do desafio.

Saio de casa no escuro. Garoa fina, no pior estilo São Paulo. O ônibus aparece poucos minutos depois. Tudo certo. Ainda alguns quilômetros distante, o trânsito para por completo. "Engarrafamento às 6h30? Isso é radical até para os padrões da Barra!" Alarme falso, apenas uma demora na entrada do túnel. Corridinha de aquecimento no trecho ponto de ônibus–largada. Quem chega tarde, fica no final da fila... Procuro algum espaço.

Todos prontos. Uma verdadeira multidão se aperta e aguarda a largada. Os minutos passam e nada do sinal verde, do tiro... O locutor animadamente informa que aguardam autorização da grande emissora de TV que transmitiria o início do evento ao vivo. Mais espera... O tom é de comemoração. "Apareceremos na TV!" Uma coisa é influenciar na escolha do horário, outra bem diferente é deixar milhares esperando na chuva e no vento, comprometendo o aquecimento e aumentando as chances de contusões! Depois da prova, conversando com um amigo, ele interpreta que o locutor quis "queimar" a emissora. Faz sentido, mas confesso que na hora a impressão não foi essa.

Guardo uma relação especial com essa prova. Foi a minha primeira corrida, em 2008. Ano passado, feita a inscrição antecipada para aproveitar os preços "mais doces", um problema de saúde me impediu de correr. Um grande desperdício, para um ex-pão-duro (existe isso?) assumido. Bom, fica a ambiguidade... Não sou mais pão-duro ou apenas não assumo? Correr esse ano tinha um sabor de "voltei, estou muito bem e vou mais rápido!"

Grandes provas, quantitativamente falando, estão mais próximas de uma festa, farra mesmo. Gosto de correr pela movimentação, pelo desafio. O processo como um todo. Não sou "fissurado" por marcas e recordes pessoais. Sei meus melhores tempos, gosto de superá-los, mas não é o foco. É a consequência do esforço, um bônus, eu diria.

Estou melhorando, embora corra a distância abaixo das duas horas, estou ainda longe dos melhores tempos. Certamente atrapalhei muitos colegas mais velozes. Lembro da indignação de um amigo, figura fácil no trânsito recreio–centro: "eles não saem da minha frente!" É, sei como é, meu caro Gustavo! E muitos que me ultrapassaram também! Aquele aglomerado me cansa... Só gosto de saídas de Maracanã, com grandes vitórias. E agora a multidão era uma barreira que impedia meu progresso para a linha final.

Melhorei meu tempo de 2008 em 04 min e 29s, com alguma facilidade na corrida e muito treino adicional ao longo do ano. Terminar rápido é o grande final. Acho melhor que bater recorde pessoal e finalizar mais lento. Fiz os últimos três quilômetros abaixo de 4:45 min/km. Em 2011, largarei do Recreio! Quem sabe não é mantida a promoção desse ano, de inscrição gratuita na maratona para quem completou a meia no ano anterior... Ops! Eu era ex o quê mesmo, hein? Acho que foi reflexo condicionado...

(Rio, 18/07/2010)

Qual é o seu vício?

Basket Case – Green Day

Difícil surpreender escrevendo sobre vícios num diário de corrida. Associar esportes a uma atividade que causa dependência é lugar comum. Provavelmente, esse será mais um texto sobre a recorrente comparação. Segue a minha história.

Aconteceu em Belo Horizonte, após a minha participação na Volta da Pampulha. Era a tarde do dia 5 de dezembro de 2010. Uns parentes de muita simpatia e histórico de pouco contato me levaram para almoçar em um clube. Um amigo deles se junta ao grupo e me oferece alguma bebida, provavelmente a tradicional cachaça das Minas Gerais. Recusei. Em resposta, ouvi um comentário numa roupagem interessante, que introduzia a velha pergunta. Não foram as palavras exatas, mas reproduzo fielmente a ideia:

– Dizem que não se deve negociar com quem não bebe. É importante conhecer o vício das pessoas. Então, qual o seu vício?

De hábito, pensei: "chocolate, sorvete e combinações". Era a minha resposta-padrão. As "combinações" intrigam mais que esclarecem, mas como poucos concluem o óbvio sorvete de chocolate e muitos ficam envergonhados de pedir explicações, acho engraçado e deixo o mistério. Não foi a minha réplica.

Tal como uma maçã caindo na cabeça newtoniana, aquele dia eu fiz novas conexões, pensei fora do quadrado. Sem desprezar as guloseimas de passado, presente e futuro, definitivamente eu tinha um vício. Não era alcoólico, não era ilícito, porém causava dependência química. Eu havia descoberto meu vício em corridas! Ainda me considerando iniciante, tinha concluído "apenas" uma maratona, três meias maratonas e algumas outras distâncias menores, mas era definitivo. Minha resposta saiu tímida. Era uma autoafirmação:

– Eu gosto de correr. É o meu vício.

Aprendi que é bom ter um vício. Não apenas para ter assunto e uma boa resposta ao negar cerveja e afins. Numa versão mais positiva, uma paixão. Gasto energia com as passadas. Canso e descanso corpo e mente. Dizem que meu estado é grave... Várias maratonas, algumas ultras... São evidências fortes, não contesto! Eu diria que estou aprimorando. Corredor é quem gosta de correr. Qualquer distância, qualquer tempo registrado na chegada. Sinto a mesma alegria sempre que levanto e é dia de corrida. Sim, eu tenho um vício!

Caminhos paulistas

A vida tem algumas encruzilhadas claras. Outros pontos de inflexão são mais discretos, percebemos a mudança de rumos tempos depois. Esse foi completamente anônimo. Só conheci a abrangência das consequências anos mais tarde. Era a minha segunda maratona, a primeira superando a barreira das quatro horas! Trata-se de uma marca especial para iniciantes ou corredores mais lentos. Vou descrever o que aconteceu antes da chegada em excelente estado físico e emocional.

O blog Pulso, do jornal O Globo, fez uma promoção imperdível. Valia um final de semana de atleta de elite para os amadores premiados! Rapidamente, pensei num "texto criativo" para participar. Saiu assim:

O pulso... ainda pulsa... em São Paulo!

Um clique, uma novidade
Surge ótima oportunidade
Para uma maratona em outra cidade
Preciso exercitar a criatividade...

Escrever foi o primeiro impulso
Pra convencer o blog Pulso
a levar esse flamenguista
Pra correr na capital paulista!

Sim, meu treinador reclamaria
Reduzir as distâncias, agora eu deveria
Afinal, no Rio, esse ano largo do Recreio
Como adaptar essa maratona é um receio

Seria mais um longão
um treino de preparação
Afinal, não pode haver erro
na minha chegada no Aterro.

Para correr em Moema,
Arrisco escrevendo esse poema
Treinei muito, estou apto
Sim, me candidato!
Chego perto de 4h, 4h 30m, não tardo
Quero correr, e, se felizardo
Garanto escrever caprichado relato!

Eu julgava que tinha boas chances. Fiquei otimista quando, em resposta, perguntaram sobre meu histórico de corridas e treinos recentes. Fatalmente seria um grupo reduzido de candidatos. Respondi que treinava com assessoria, que estava fazendo treinos longos, preparatórios para a

Maratona do Rio, e já tinha conquistado aquela distância. Semanas depois, fiquei muito feliz de ser premiado com passagens, inscrição e translado para participar da Maratona de São Paulo de 2011.

Éramos quatro vencedores, divididos em dois quartos. Um casal em um, eu divido o outro com o Rodrigo, que conheci após o pouso. Ele era experiente e muito rápido em provas curtas. Parecia estar bem preparado para completar o desafio da nova distância, entretanto poderia estar sujeito a surpresas pelo caminho. Sobre o casal, ela tinha marcas excelentes em maratonas, ele poderia ser classificado como um "profissional disfarçado". Ela completava os 42,195 quilômetros em quase três horas e meia, ele perto de três horas! Acho que foram os primeiros com essa performance que eu conheci pessoalmente. Daqueles que até o leigo bate o olho e sabe que o sujeito é bom. Uma dupla de novatos e um casal de semiprofissionais, esse era o grupo.

Depois, o Rodrigo relatou preocupação por ser o menos experiente dos quatro. Fomos contemporâneos de estudo na UFF, embora em cursos muito diferentes. O papo flui amistosamente. Quando o assunto chegou ao futebol, a rivalidade entre flamenguistas e vascaínos (destaca-se: eu sou o rubro-negro!) falou forte e voltamos para temas de corrida. O desafio próximo antecipou o toque de recolher.

Em retribuição pela mordomia, o blogueiro pediu apenas um relato a cada um dos premiados. Assim foi aquela corrida:

A viagem reunia lazer e obrigações. Para mim, corrida, especialmente a distância da maratona, é definitivamente uma aventura, porém, naquela conjuntura envolvia certa dose de trabalho. Tinha uma missão a cumprir.

Uma dúvida me acompanhava durante a semana. Deveria seguir o proposto na minha "frase criativa" da promoção do Pulso — usar os 42 quilômetros em São Paulo como mais um longão preparatório para o Rio, um mês depois — ou aproveitar e dar o máximo? Tinha duas oportunidades, mas apenas uma chance de me aproximar do tempo de 4 horas. Acompanhando o clima em São Paulo ao longo da semana, o calor aumentava dia a dia. Cada um grau a mais na temperatura repre-

sentava segundos na minha previsão de pace (min/km), uma medida de tempo gasto em cada quilômetro percorrido.

Linha de largada, temperatura mais alta que o esperado. Definitivamente não era o ideal para tentar me aproximar da meta. Mas nada garantia que teria condições melhores dia 17 de julho, no Rio. Interrogações dominavam a mente... A melhor estratégia parecia usar a chance para fazer um ótimo treino e curtir o momento. Completar os 42 quilômetros sem a pressão do relógio. Começo a correr tranquilo e fico atento às reações do corpo. Intimamente, me causava incômodo apenas completar a prova, sem dar o meu máximo. Afinal, ainda que as condições não fossem tão favoráveis, eu tinha ganhado essa oportunidade! "Bom, estou aqui e vou cumprir a minha jornada da melhor forma possível, rápido ou lento." Essa era a ideia.

Para correr uma maratona, há duas estratégias: a mais comum é começar mais lento e, se possível, acelerar no final; outra é tentar manter a velocidade compatível com o tempo final desejado ao longo de todo o trajeto. Resolvi testar algo diferente. Faço os primeiros dez quilômetros no ritmo médio desejado (5min 40s por km), depois acelero. Aproveito que ainda estou com forças plenas e que a temperatura ainda está mais amena. Depois, quando o cansaço apertar, reduzo. E na parte final vejo o que sobra. A partir do km 11, acelero para algo em torno de 5min 20s/5min 30s. Isso vai até o km 23, quando passo por um trecho no sol. Era hora de reduzir e seguir sem sofrimento até o final.

Quando completo o km 32, verifico o relógio e me assusto. Estou com três horas de prova! Completar dez quilômetros em uma hora não seria um desafio tão grande e cumpriria logo a missão desportiva do ano! Tenho poucos minutos para resolver o que fazer. Se fosse lutar pelas quatro horas, seria um caminho sem volta. Outra tentativa, possivelmente só em 2012! O corpo parece estar bem; a mente, motivadíssima. Minha dificuldade no km 38, na minha primeira maratona, há pouco mais de um ano, parecia um fantasma. Estava ótimo e subitamente fui obrigado a reduzir drasticamente naquela vez. O que fazer?

"É hoje, vamos firmes!" Encaixo uma velocidade compatível com a chegada em quatro horas e sigo com cautela. Todo cuidado é pouco.

Não preciso fazer muito abaixo da meta, mas não posso ser mais lento. O trecho final do trajeto em São Paulo é repleto de terríveis túneis. Numa cidade sem morros, eles não cortam montanhas como no Rio. São como o mergulhão da Praça XV. Descidas e subidas fortes, que massacram as pernas. Para manter uma velocidade média compatível, era preciso descer rápido, para não ter o tempo comprometido pela subida lenta. Isso, depois de mais de 30 quilômetros, não é legal, eu garanto! A expressão "luz no fim do túnel" nunca foi tão interessante. Mesmo representando um retorno ao calor.

A partir do km 30, surpresas podem ocorrer. Os especialistas dizem que há importantes mudanças fisiológicas nesse momento. Descidas e subidas com algum sofrimento, mas sigo com tranquilidade. Fôlego ótimo, pernas cansadas. Meu treinamento não incluiu ladeiras! Decido acelerar no final, mas sem exageros. O objetivo era garantir a chegada no prazo, sem atenção para segundos a mais ou a menos. Sábia decisão. Nos últimos 300 metros, as ladeiras cobraram o seu preço. Sinto câibras. Nada que atrapalhe a chegada. Missão cumprida! 3h 57min 51s!

Para mim, a maratona é tão especial porque representa uma excelente metáfora da vida. Treinamos, planejamos, mas sempre nos deparamos com surpresas. Razão e emoção em doses diversas. Correr uma maratona é abraçar o inesperado. E não importa como foi a jornada, o sorriso na chegada é tão certo quanto as dores no dia seguinte. A preparação e o dia da corrida testarão sua resistência física e mental. Por isso, do primeiro ao último; em pouco mais de duas ou de seis horas, somos todos vencedores. A experiência de correr 42.195 metros é marcante. A pessoa que chega é, ao menos um pouquinho, diferente da que larga. É uma experiência intensa.

Ei, você! Que tem vontade, mas ainda não correu a maratona, ainda tem dúvidas?

(São Paulo, 19/06/2011)

Alguns dias de maratona são tão espetaculares que simplesmente me recuso a apenas fechar os olhos e encerrar as atividades. O corpo pede descanso, mas a euforia proporcionada pelos hormônios é estimulante.

Do aeroporto, segui direto para o churrasco de aniversário do meu amigo Eiji. Estava faminto e cansado, mas infelizmente sobrou apenas pão com pasta de alho... Tudo bem, o aniversariante é ótimo cozinheiro e regularmente alimenta(va) muito bem os amigos!

Na sexta-feira seguinte, feriado, eu fazia compras pela manhã quando toca o telefone celular. Era o meu amigo Luiz Otávio. Não lembro as palavras exatas, mas reproduzo perfeitamente a essência:

– Oi, acabei de ler o jornal. Meus parabéns, hein! Guardou segredo, nem antecipou a notícia...

– Oi. Não sei do que está falando.

– Do seu relato sobre a corrida, muito bom! Erraram na legenda, mas não tem problema... Caramba, meia página!

– Não entendi...

– Não mesmo? Compra O Globo de hoje e depois falamos.

– Certo... abraço!

Sabem o que é uma cara de ponto de interrogação? Era a minha naquele momento. O meu relato ainda não tinha sido colocado no Blog e o L.O. (Éle Ó, de Luiz Otávio...) definitivamente não era um leitor em potencial. Eu não fazia ideia do que ele falava. Termino minha lista de compras, coloco mais algumas coisas no carrinho e sigo para casa. Acho que tenho uns trocados, posso passar no jornaleiro no caminho.

Retomo os tempos de adolescente e inicio a leitura pelo caderno de esportes. Uau! No retorno, no aeroporto, o grupo tirou uma foto com o Frank Caldeira, um dos melhores maratonistas brasileiros, e estávamos no jornal. Começo a ler a notícia e reconheço aquelas frases. Era o meu relato, em versão integral!

Dispensadas a parte nada gloriosa das páginas policiais, os classificados e o obituário, não restavam muitas opções. Uma eventual participação minha nos jornais seria fatalmente culpa do diploma de economista. Mas eu estava na seção esportiva e não falava como torcedor, era o atleta! Era a glória para um fã de esportes, sem maiores talentos. Eu me sentia um campeão olímpico!

No dia seguinte, encontro o casal da prova numa entrega de *kits* de uma meia maratona. Trocamos algumas palavras e ela elogia o meu texto.

Algo como "legal terem publicado..." e completa falando que todos os relatos eram bons. Concordo com sinceridade, mas argumento, em pensamento: "Nunca poderiam publicar um relato de um não concluinte! Elementar, minha cara!". Eles tinham usado a Maratona de São Paulo como treino longo para o Rio, sem terminar a prova. Achei um grande desrespeito. A história do Rodrigo era excelente. Narrou as lições de uma dura "quebra", em pleno aniversário de 30 anos... Sofrimento e superação. Respeitei a determinação do sujeito. "Desculpem, mas treino de luxo está abaixo disso... Por mais rápido que vocês corram." Foi o que pensei na hora.

Devidamente plastificado para conservação, o recorte de jornal habitou a estante do meu quarto por vários meses. Caro leitor, por favor, lembre-se dessa história.

Em casa, finalmente!

Cidade Maravilhosa – André Filho

O evento começou com uma pequena decepção. Nada sério, coisa pessoal mesmo. Nos últimos anos, a meia maratona tinha camiseta verde e a maratona, laranja. Criei certa expectativa pela "mudança de cor" da minha, na primeira maratona em casa. Nenhuma preferência cromática, apenas um registro de evolução. Em 2011, quebraram a tradição e mudaram as cores! Adicionalmente, com a troca no fornecedor do material esportivo, acabei escolhendo um tamanho pequeno. Falha minha... Ironicamente, o boné laranja – sempre "descombinando" com a cor da camisa – se tornaria minha marca registrada a partir de 2012.

Depois de alguns equívocos do motorista do ônibus da organização diante de ruas fechadas para a corrida, finalmente chegamos. Em tempo, mas muito próximo do horário. Longas filas, causadas pela pequena quantidade de banheiros químicos. Largo praticamente sem aquecimento, erro que nunca mais cometerei. Melhor começar atrasado, porém devidamente preparado. O incômodo que senti na virilha ao longo da prova foi, certamente, consequência dessa pressa. Podia ter sido muito pior, com sorte, o saldo foi positivo.

A distribuição de água, inicialmente muito deficiente, fica aceitável ao longo da prova, no entanto garanti dois copos por posto de hidratação. Estratégia acertada; naquele calor, o risco de problemas é crescente. Especialmente no Rio, ter muitos postos com água não é regalia, deveria ser obrigação! Era um belíssimo dia de sol para quem assiste, exagerado calor para quem corre. Bom para fotos, cartões-postais e para suar muito! Dia de praia! E de corrida...

De volta às passadas. O trajeto é realmente espetacular. Já tinha corrido duas meias nesse trecho final da maratona e uma outra que foi semelhante à primeira parte. Muitas pessoas parando para fotos, estrangeiros admirados com as belezas naturais. Esse é o grande cartão de visitas da cidade.

Depois de bater meu recorde pessoal na distância e romper a barreira de quatro horas há um mês, a ideia era correr bem, com tranquilidade e sem compromisso com o relógio. A minha terceira maratona teria uma característica diferente, agora era no Rio. Encontro mãe no 33º quilômetro, avô e avó no 36º quilômetro e esposa no 38º quilômetro. Era bom estar ao menos "apresentável" nesse trecho já desgastante da prova! A estratégia era me poupar e aproveitar a experiência até então, só depois aumentar a frequência das passadas. Velocidade máxima no último quilômetro, um importante teste das minhas condições. Completo o 42º quilômetro em acelerados 5 min/km, guardando fôlego especial para a melhor parte, os últimos 195 metros. Linha de chegada logo à frente, hormônios e gritos do público levando ao estímulo extraordinário. Finalizo a 3:11 min/km. Alegria e a comprida missão, de fato, cumprida! Completei 42,195 quilômetros na minha cidade, onde sempre treino. Um dia especial, de muita diversão.

(Rio, 17/07/2011)

Eu respeito as ladeiras!

Run to the hills – Iron Maiden

As passadas ficam mais curtas, a respiração acelera e torna-se ofegante rapidamente, os metros tornam-se mais longos e os segundos demoram a passar. Rapidamente, o coração revela o esforço e acelera o seu trabalho. Os adjetivos mudam com a inclinação do terreno. Esteja você subindo ou descendo. Definitivamente, eu respeito as ladeiras!

Corridas em subidas e descidas nunca tinham feito parte regular do meu treino. Para correr bem nessas condições, é preciso ter boa base em terreno plano. Eu me sentia qualificado para iniciar, gradativamente, nessa novidade. Aclives e declives representam um desgaste extra para articulações, tendões, ligamentos etc. Em resumo, potencializa-se o impacto sobre o aparelho locomotor, o meio de transporte e de diversão do corredor.

Em agosto de 2011, experimentei subir até a Mesa do Imperador, que fica um pouco depois da Vista Chinesa, referência mais conhecida dos cariocas. Não foi algo inédito, mas incomum para mim. Em poucas palavras, uma excelente experiência, que recomendo para os já iniciados no mundo das corridas. O trajeto é dominado por ciclistas. Os corredores eram minoria absoluta, mais raros até que os skatistas de *longboard*. O ambiente é de grande cordialidade. A maioria se cumprimenta, entre um gesto quase imperceptível com a cabeça e um sonoro "bom dia!", o que o fôlego permitir. Bicicletas de trilhas e de estrada levam ciclistas de todo tipo morro acima e abaixo. O policiamento ostensivo garantia a segurança, nesse local que guarda muitas histórias negativas.

A proposta era um treino de força. Não queria cometer exageros, então alternei corrida com generosos trechos de caminhada, sem culpa! Preciso adaptar meu corpo a essa nova condição de terreno, o que deve ser feito gradualmente. Tentei alternar subidas e descidas, percorrendo mais de uma vez alguns trechos. Água e bananas na mochila. É interessante comer em cartões postais, especialmente onde os Pedros imperiais realizavam banquetes especiais. Será que as relatadas mudanças na relação espaço-tempo permitiram algum tipo de viagem no tempo? Hahaha, deve ser efeito colateral do sobe-desce.... Afinal, acho que ladeira não é buraco negro!

Entre bifes e alfajores

Meu próximo desafio de corrida estava marcado para o dia 09 de outubro, na Maratona de Buenos Aires. Foi uma combinação de milhas disponíveis para a América do Sul e interesse em participar de uma maratona internacional. Para finalizar, meu colega de trabalho e de corridas, Marco Barcelos, sugeriu a mesma empreitada quando eu ainda estava pensativo. Foi a primeira de muitas. Destino decidido! "De quebra", visitaremos uma cidade excelente, que mal conhecia.

O trajeto em Buenos Aires é plano e a temperatura é próxima da ideal, entre 15 e 18 °C. Com tantos pontos positivos, a Maratona é considerada a "Berlim da América do Sul", em referência aos ótimos tempos alcançados na capital alemã. O objetivo é melhorar a minha marca de 3h 57min 51s. Com muito treino e com condições favoráveis, posso me aproximar de 3h 50 min. Qualquer evolução seria bem-vinda!

Comecei a correr com regularidade e com suporte de assessoria esportiva em agosto de 2009. Para completar três maratonas até o momento, meu treinamento foi, via de regra, de apenas três dias na semana. Descanso era fundamental para adaptar o meu corpo ao desgaste da preparação para uma prova de 42 quilômetros. Sem dúvidas, é uma estratégia pouco usual, mas vitoriosa para mim. Os treinos longos foram fundamentais. Em cada ciclo de preparação, completei longões de 30, 32 e 35 quilômetros, todos em ritmo lento. A quilometragem semanal não ultrapassou 60 quilômetros. Em comparação com as planilhas mais difundidas em revistas e sites especializados, um treino relativamente leve. Para mim, foi ótimo, funcionou muito bem. Viva a orientação recebida! Para completar a prova sem maiores objetivos de tempo, foi o suficiente. Consegui até finalizar uma maratona sub-4h!

Agora, para evoluir, era preciso treinar mais. A equação é simples: + treino = - tempo. Passei a fazer quatro treinos e a quilometragem semanal aumentou, ultrapassando 70 quilômetros nas semanas mais intensas. Na minha nova proposta de treinamento, incluí ladeiras, corridas na areia e na grama, eventualmente tiros de um e dois quilômetros. Grosso modo, houve também aumento da velocidade nos treinos. Musculação acabou não acontecendo. Meu treinador argumentou que seria fundamental no período de base, naquele momento, poderia me sobrecarregar.

Não havia tempo para evoluções fisiológicas ou técnicas relevantes. O treino de base foi realizado ao longo do primeiro semestre, com o aumento gradativo das distâncias e com as provas citadas. Repeti os treinos longos de 30 quilômetros e 32 quilômetros, com um *pace* entre 5:40 e 6:00. No dia 11 de setembro, quatro semanas antes da corrida portenha, fiz uma prova teste de 10 quilômetros. Não era o momento ideal, mas o possível pelo calendário. As condições climáticas estavam perfeitas, mas não foi naquela oportunidade que consegui romper a barreira dos 45 minutos na distância. Não foi meu autopresente de 30 anos. Precisava de treino específico para isso, já aceitara...

Terça-feira, dia 27 de setembro - faltam dez dias para a maratona.

Acordo com dores no corpo. Vias aéreas completamente congestionadas. À noite, o termômetro revelou febre leve. O relógio indica que dormi muito, o corpo contesta a informação... Até a cabeça doía, situação incomum para mim... Tosse seca, com características de broncoespasmo, completava o quadro. Definitivamente, era um momento ruim para ficar doente, mas nada dramático. Ainda havia tempo suficiente para recuperação plena. Os treinos intervalados, previstos para a semana, foram cancelados sumariamente e pronto. Em poucos dias, estarei bem.

Quinta-feira, dia 29 de setembro - faltam oito dias para a maratona.

Há tempos eu planejava criar uma camisa personalizada para usar nas provas. A estreia internacional era a motivação que faltava. Uma imagem de corrida, bandeira do Brasil e divulgação do meu site recém-criado.[3] Em busca de um preço razoável, achei um fornecedor em Santa Catarina. Não poderia testar o tecido antes – um risco! – mas o custo cabia no orçamento e o prazo era adequado. A data para envio era sexta, dia 30 de setembro. Tempo de sobra antes da tarde de quarta-feira, dia do embar-

3 O endereço atual é <www.alvaroreis.com.br>.

que. Ligo apenas para confirmar o envio... "Ah, tivemos um probleminha com o fornecedor, provavelmente ficará pronta na próxima quarta." Que legal, ninguém avisa! Informo do meu prazo, o que não parece fazer qualquer diferença... A gripe não está resolvida, porém já me sinto plenamente disposto. Sobrou uma tosse, com algum broncoespasmo.

Domingo, dia 02 de outubro - faltam seis dias para a maratona

A ideia era correr 16 quilômetros à noite. A gripe ainda não tinha sido completamente superada, mas não era um problema. Alguma tosse ainda permanecia. Na véspera, depois de muitos dias parado, corri oito quilômetros em marcha lentíssima, apenas para movimentar o corpo.

Surpresa! Pela manhã, ao pisar no chão, sinto dor no joelho! Nada muito forte, mas incomodava. E, afinal de contas, dor não é normal. Especialmente ANTES da prova! Mesmo depois das maratonas, isso nunca aconteceu. Como poderia um treino bobo me deixar assim?! Não parecia nada sério, mas fiquei preocupado. Seria algum tipo de tensão pré-prova? Ataco com gelo e pomada anti-inflamatória. Estar assim em uma linha de largada antes de correr 42 quilômetros era preocupante...

Segunda-feira, dia 03 de outubro - faltam cinco dias para a maratona.

Enfim, boas novas: acordo sem qualquer sinal de dor, joelho em perfeitas condições! À noite, faço o último treino, 16 quilômetros em ritmo leve. Aprovado no teste, pernas em dia! A tosse, que aparece especialmente à noite, não afetou a corrida. Problemas resolvidos, tudo indica que estarei inteiro na linha de partida, sem a camisa planejada... Por via das dúvidas, sempre alerta!

Antes de viajar, lembrei de uma entrevista do técnico Bernardinho. Ele dizia que uma vez encontrou com o Felipão, treinador de futebol, e aproveitou a oportunidade para fazer uma pergunta sobre o que ele teria dito aos jogadores antes da final da Copa do Mundo de 2002. A resposta foi interessante, não lembro das palavras exatas, mas era algo como "divirtam-se, aproveitem a oportunidade". De fato, era desnecessário ressaltar a pressão do momento. Qualquer um que nasceu nesta parte do planeta sabe da responsabilidade de representar o Brasil no mundial de futebol. Aquele momento já foi sonhado por todo garoto que chutou uma bola algum dia. Isso foi antes do 7 a 1...

Naturalmente, correr como amador mais uma maratona não pode ser comparado a um jogo decisivo. Destaco apenas que a lição importante é se divertir ao longo da jornada. Mais importante que melhorar a marca pessoal ou superar algum colega. Uma boa sugestão, de difícil aplicação cotidiana. Mas me esforço para isso. Sim, fiquei gripado, o joelho doeu e preocupou, a camiseta não chegou. O importante é manter a alegria de correr.

Quando eu tinha uns 13 ou 14 anos, tomava meus primeiros "caixotes" com uma prancha na praia e gostava de ler revistas de *surf*. Ficava impressionado com as fotos de ondas perfeitas. Lembro detalhes de um editorial, que ficou gravado na memória desde então. Falava sobre surfistas profissionais viajando por lugares paradisíacos para simplesmente pegar onda. A revista citava um texto zen-budista e explicava que o mestre zen não distingue trabalho de diversão. Faz ambas as coisas simultaneamente. E mesmo um observador atento não seria capaz de separá-las.

Atualmente, meu sustento é bem diferente do meu lazer, mas na corrida, onde muitos observam apenas esforço, quem pratica, encontra a felicidade. A alegria do surfista é mais evidente que a do corredor... Mas as aparências enganam! Ainda que os sedentários não entendam como é possível colocar "felicidade" e "42 quilômetros de corrida" na mesma frase, correr deve ser sinônimo de diversão... Completar o trajeto é mais importante que o tempo marcado no relógio. Ao final dos quilômetros, o corpo revela sinais do esforço, porém o corredor está renovado. O desgaste do corpo alimenta o espírito.

A ansiedade mostrou-se dispensável, excesso de bagagem pelo qual eu não queria pagar, e não embarcou comigo. No avião, pude relaxar e iniciar a viagem. Na partida, a companhia era o superficial guia de viagens, algumas anotações de sugestões e dicas e meus planos para o dia seguinte. Para aquela noite, apenas reconhecer os arredores e atacar algumas empanadas. Era quarta-feira.

No dia seguinte, o céu estava limpo e a temperatura era bastante agradável. Aproveitei para circular pela cidade caminhando. Calculo que percorri uns 18 quilômetros ao longo do dia, em ritmo lento e com muitas paradas. Foi, digamos, o último treino. Ao final da tarde, havia previsão de forte temporal. Rotineiramente, carne vermelha faz parte das minhas refeições somente uma ou duas vezes na semana. Em Buenos Aires, isso foi alterado para uma ou duas vezes/dia! Ali, qualquer cardápio diferente seria desperdício de ótima oportunidade gastronômica.

Na sexta-feira, no café da manhã, encontro o Marco e a esposa dele. Sob forte chuva, seguimos para a exposição da corrida. Naquele horário, estava bastante vazio, certamente em consequência do temporal. O *kit* era simples: camiseta, número, *chip* descartável e folhetos com explicações.

Domingo, dia da corrida, chegamos na largada perto das 7h00. Poucos minutos antes do início, entramos na nossa área de acordo com o tempo previsto para a conclusão. Como nas corridas brasileiras, essa divisão não é bem organizada. O clima estava absolutamente perfeito. Próximo a 16 °C no início e provavelmente em torno de 20 °C no fim. Pouco vento, parcialmente nublado. Irretocável. Diante de condições tão boas para correr rápido, era a oportunidade para melhorar as marcas pessoais.

O ritmo realizado desde o início estava no limite da nossa preparação. Corríamos lado a lado com *pace* (a medida de min/km, lembra?) de 5:20. Seguindo a estratégia prevista, a partir do km 28, reduzimos a velocidade e o *pace* ficou próximo a 5:30. Correr com alguém com condicionamento semelhante é interessante, ajuda.

Como eu disse, a chuva esvaziou a entrega dos *kits*, minimizando meu contato com outros brasileiros. Ao longo da prova, era fácil ouvir o português e ver a nossa bandeira estampada na camisa de muitos corredores. Um fato curioso: lá pela metade da prova, ultrapassado por um brasileiro "identificável", me animo e solto um "Vamos Brasil!" Mais quatro ou cinco "não identificáveis" respondem! Repeti o incentivo algumas vezes, com resultados semelhantes. Uma verdadeira invasão!

Meados de prova, proximidades da Casa Rosada, o Marco precisou de um *pit-stop* no banheiro químico. Ao final, o tempo parado se revelaria crítico... Adicionalmente, a quebra de ritmo atrapalha bastante... Após o trecho acelerado dele, estamos novamente correndo próximos.

É comum ver a apresentação de bandas diversas ao longo do trajeto de uma maratona. É uma ótima estratégia da organização para motivar os participantes. Mas, dobrar uma esquina e se deparar com uma apresentação de tango, só pode acontecer em Buenos Aires! Próximo ao km 38, uso meu derradeiro gel de carboidrato e ouço uma banda tocando Bob Dylan. Grande incentivo! A estratégia era controlar até o 40º quilômetro e atacar os metros restantes.

O Marco correu ouvindo música. Quase no km 40 ele avisa o que sai do seu fone: "tá tocando *I belive in miracles*!" Pronto, era o estímulo necessário, o melhor *doping* psicológico possível! Ramones em geral, essa música em particular. Depois entenderão a história. Era como se um raio atravessasse o meu corpo. Os olhos encheram de lágrimas e senti uma energia descomunal. É isso que chamam de fôlego renovado? Ao ataque! Acelero em direção à linha de chegada. Corri 2,195 quilômetros em exatos dez minutos, o que pra mim, é um final de maratona muito rápido. Como resultado final, faço 3h 47min 59s e melhoro minha marca em quase dez minutos! Uma combinação de mais treinos com condições ideais no dia da prova. E o Marco chegou pouco depois, com tempo líquido de 3h 48min 32s.

(Buenos Aires, 09/10/2011)

Tiros curtos

O tradicional e duríssimo tipo de treino chamado tecnicamente de intervalado – ou no popular, tiro – consiste em fazer sequências de trechos curtos em alta velocidade, seguidas de um pequeno intervalo de descanso parado ou caminhando lentamente. É cansativo, porém trata-se da melhor estratégia para aumentar a velocidade. Pelo tamanho reduzido das histórias que se seguem, escolhi o nome.

Na preparação para a primeira maratona, além de muito treino para as pernas, escolhi livros sobre o assunto. Pela internet, compro O Ultramaratonista, de Dean Karnazes, e a biografia de Vanderlei Cordeiro de Lima, maratonista sobre quem comentarei em breve. Para o primeiro, escolho a versão original, em inglês. O prazo de entrega é longo, coisa de várias semanas. Tempos depois, recebo o e-mail informando o envio. Finalmente! No dia seguinte, estou num sebo que visitava regularmente e acabo na seção de esportes e jogos. Então, lado a lado, estão os livros aguardados pela internet.

Fico uns instantes perplexo e em dúvida. Então, decido pela compra. Chega de espera! Pago uma pequena fração do valor original e planejo trocar a encomenda inicial. Li as aventuras do americano quase sem pausas e reli poucos dias depois. Nem completara a maratona e já espiava adiante...

***

Relato uma das cenas mais emocionantes que presenciei na vida. Simples e discreta, invisível para muitos dos que me acompanhavam. Mais uma das tantas lições que aprendi correndo, especialmente naquela manhã, quando debutei na distância da maratona, suando em solo gaúcho. Ocorreu ainda no início, perto da marca de 2 km, se me recordo bem.

Próximo ao meio-fio, virado para os corredores, braço colado à sua acompanhante, ele gritava, esbanjando um largo e motivante sorriso:

– Vamos, gurizada! Boa corrida!

Tinha idade aproximada de 30 anos. Talvez menos. Sua expressão de alegria era nítida. Contagiante. Ele, cego, estava de pé antes das 7h30 do domingo e absolutamente feliz. O objetivo era apenas motivar os que tinham decidido correr 42.195 metros naquele dia. Provavelmente não tinha amigos ou sequer conhecidos por ali. Pouco importava...

Sem dúvida a vida pode ser repleta de dificuldades. Mas podemos e devemos buscar alegrias. Que podem estar em coisas simples, como prestigiar o esforço dos outros, apreciar um dia bonito ou uma refeição saborosa, por exemplo.

Nada é doloroso o suficiente para eliminar toda a alegria que a vida pode proporcionar. Não podemos depender de motivações externas para conquistarmos a nossa felicidade. Quando assim acontece, certamente a alegria diante dessa motivação será breve e momentânea, cessando junto com o estímulo. Como tudo na vida, buscar a felicidade pode ser praticado, treinado e aperfeiçoado.

***

Aconteceu numa dessas corridas de cinco ou dez quilômetros patrocinadas por uma grande empresa de material esportivo. Dois amigos de idades próximas a 25 anos correm lado a lado, em velocidade moderada. Subitamente, ainda antes da metade da prova, um faz uma careta e comenta para o outro:

– Hum, meu tornozelo está doendo. Acho que vou mais devagar.

Nisso, um corredor aparentando uns 60 anos, que observara a cena e corria com passadas firmes, mais rápido que os demais por ali, retruca:

– A dor faz parte da farda! Continua!

Sim, foi bastante duro. Um pouco grosseiro, até. Mas absolutamente verdadeiro. Não verifiquei a reação dos mais jovens, mas apertei o meu passo!

* * *

Quando o relógio indicou o horário de levantar, ouvi um barulho inesperado. Chovia torrencialmente. Daquele tipo que alaga e paralisa a cidade em pouco tempo. Uma decisão racional seria fechar os olhos e recuperar o sono, afinal, ainda era noite fechada. Mas racionalidade não combinava com aquele dia. Era o desafio Rio–Minas. Seria uma sexta-feira 13 bastante diferente. O ultramaratonista Márcio Villar promoveu uma corrida do Rio de Janeiro até São Lourenço (MG) para arrecadar fundos em benefício de uma fundação de apoio ao INCA. Ele e mais alguns aventureiros iam correr o percurso inteiro, aproximadamente 300 quilômetros. Eu corri meros 9% disso. Saímos da porta do INCA, na Praça da Cruz Vermelha, no centro do Rio. Parei no começo da via Dutra, seguindo meu treinamento e minha capacidade física. A iniciativa teve o suporte fundamental da Polícia Rodoviária Federal, que disponibilizou batedores para fazer a proteção ao longo da via. A única coisa que pode ser classificada como "insana" é a distância. De resto, é profissionalismo, treinamento e organização.

O grupo na largada tinha umas 12 pessoas. Perto da Fiocruz, depois de uns 15 quilômetros, alguns pararam. De fato, era um ponto mais fácil para conseguir um transporte de volta. Meu objetivo era correr um pouco mais. Dentre os que seguiram, meu recorde pessoal de distância era os 42 quilômetros de uma maratona. O seguinte correra 180 quilômetros e iria ultrapassar os 200 quilômetros pela primeira vez aquele dia. O Márcio tem no seu currículo provas de mais de 400 quilômetros em condições duríssimas. O cidadão completou provas com mais de 100 milhas (160 quilômetros) fazendo o trajeto ida e volta, já correu no frio de -30 °C, e no Vale da Morte (EUA) sob o sol de mais de 50 °C. Lá, o corredor deve seguir pela faixa branca do acostamento. O calor um pouquinho menor impede que o calçado derreta de imediato! Parece sobrenatural. E acho que é! O mundo da ultramaratona é uma realidade paralela. Falam de trajetos de 100 quilômetros em montanhas isoladas com a naturalidade que os corredores "normais" comentam provas de dez quilômetros no Aterro do Flamengo, com toda a infraestrutura.

Certamente ver algumas pessoas correndo em plena Avenida Brasil, antes das 8h00 da manhã e com chuva, gera alguma curiosidade. O adjetivo mais carinhoso deve ser "maluco". Os menos amistosos devem começar com "idiota" e terminar com ofensas diretas. Ao longo do trajeto, alguns poucos permaneciam indiferentes diante de cenas tão exóticas. Algum apoio, algumas críticas e reclamações, muitas reações de surpresa. Quando cheguei ao meu destino final, o restaurante Casa do Alemão, no começo da via Dutra, alguns garçons e clientes, entusiasmados e naturalmente curiosos, vieram me perguntar "o que era aquilo".

Iniciado às 7h30 da sexta-feira, o desafio terminou na manhã de domingo, quando os guerreiros que completaram 300 quilômetros chegaram a São Lourenço. Penso que esses feitos, de tão impressionantes, causam mais perplexidade que admiração nas pessoas. É mais simples alguém correr numa pista ou numa prova organizada, chutar uma bola, disputar e vencer um torneio em qualquer modalidade. Mas correr tanto, definitivamente, não é normal. Pois é, posso falar que já corri na Avenida Brasil. Sem dúvida, uma experiência única!

Meus heróis correram maratonas

Sempre procurei meus heróis por conta própria. Ou, numa linguagem mais humana, meus exemplos e referências. Mais tarde, descobri que eles correram maratonas. Através da sugestão musical, você está conhecendo as minhas preferências. Excluído o tema futebolístico, sou um carioca atípico. Não bebo chope nem gosto de samba! Sim, o "Corre aí na Sapucaí"[4] foi legal, ainda que tenha sido basicamente uma corrida na Avenida Presidente Vargas. Porém, meu grande destaque foi outro. No evento, tive a oportunidade de encontrar pessoalmente alguém que considero um verdadeiro herói: o Vanderlei.

Se você viu apenas o sorriso na chegada, conquistando a medalha olímpica de bronze, não imagina o que aconteceu. Liderando a prova mais tradicional do esporte, correndo o trajeto original, continuou na disputa quando muitos desistiriam e praguejariam pelo resto da vida. Para quem não lembra ou não sabe, ele foi o maratonista atacado e derrubado na Maratona Olímpica de Atenas, em 2004. Sua entrada triunfal no estádio olímpico, diante de um público local e mundial atônito e perplexo diante das imagens que eram apresentadas. Não houve tristeza pela potencial perda da medalha de ouro. Ele simplesmente estava realizado, atingira o sonho de conquistar uma medalha olímpica, sem distinção do metal. Uma lição que transcende o esporte, o espírito olímpico. O cidadão acabara de viver um pesadelo, roubaram-lhe o direito de tentar o topo. Não era resignação. Apenas a mais pura manifestação de felicidade. Sonho realizado, missão cumprida. Quem já correu alguns quilômetros sabe como pode ser difícil manter o ritmo depois de simplesmente parar para amarrar o tênis, por exemplo. Sob o fortíssimo calor grego, no ritmo de um profissional, derrubado, ameaçado e praticamente retirado da disputa, concluir a prova é um desafio quase mitológico. Caso conquistasse a medalha de ouro, Vanderlei teria sido mais um herói olímpico brasileiro. Com a sua história de bronze, virou exemplo de vida. Pela humildade e pela simplicidade, ele conquistou espaço de honra na minha galeria particular de heróis.

O treinador Lauter Nogueira, incrédulo, fazia seus comentários na TV. Naquela manhã de 29 de agosto de 2004, aprendi uma grande lição na vida. Confesso que muitas vezes, quando sinto alguma dificuldade durante

---

4 A Marquês de Sapucaí é a avenida que abriga o desfile das Escolas de Samba no Rio de Janeiro. Falo de uma corrida que aconteceu ali.

as minhas corridas, lembro do episódio. "Aquilo sim foi um problema. E o cara chegou feliz da vida!"

Depois do evento no templo carnavalesco, consegui trocar algumas palavras com o simpático maratonista, entre um e outro jornalista. A chance do encontro foi a grande motivação para a participação naquela corrida. Planejado, levei a biografia que comprei. Fui premiado, consegui um autógrafo com dedicatória! Valeu a ida à Sapucaí, mais importante que muitas medalhas!

Claro, eu não corri com livro e caneta em punho. Deixei tudo no guarda-volumes. Na chegada, fui buscar os apetrechos e o Marco ficou marcando o protagonista. Ao tentar retornar à área de chegada, fui impedido pela organização. A solução foi jogar livro e caneta para o Marcador, apenas troquei algumas palavras à distância com o Vanderlei. Meu ajudante ainda ganhou outro prêmio ao verificar seus resultados naquela prova. Nosso medalhista correu sem pressa, acompanhando a primeira colocada no evento. No tempo corrigido, o Marco surge alguns segundos à frente. Competindo na mesma faixa etária, ainda se vangloria do feito de "derrotar" um grande campeão. A história ainda rende boas risadas...

Meu outro herói foi "descoberto" absolutamente ao acaso. Numa daquelas sequências de uso intensivo e rápido do controle remoto – quando este estava sob meu comando – passo acidentalmente por um canal improvável para o horário. Em tela, o filme A travessia de Terry. O roteiro é uma narrativa da trajetória de Terry Fox, herói nacional canadense. Faço um resumo simples e direto, naturalmente incompleto: acometido por omeoplasia, ele correu mais de 5.300 quilômetros, na chamada Maratona da Esperança, com objetivo de arrecadar recursos para pesquisas contra o câncer. Ele correu maratonas diárias por mais de 140 dias consecutivos, um desafio fantástico para os atletas sadios e muito bem preparados. Realizado por um garoto amputado e com câncer, me emocionou bastante. Demonstrando uma bravura sem limites, conseguiu seu objetivo de arrecadar recursos para pesquisas contra a doença que o matou.

Meu terceiro herói não correu maratonas. Provavelmente nunca correu qualquer distância em uma disputa. Nascido no país da Comrades, Nelson Mandela dispensa apresentações e justificativas para ser chamado de herói.

CAPÍTULO II

ENTRE MUROS E MURALHAS

"A vida é como uma caixa de chocolates,
você nunca sabe o que vai encontrar."

Forrest Gump

O ovo e a surpresa: registros do muro

Hells bells – ACDC

O trecho final da maratona, a partir do km 30, do km 32, é crítico. Há expressões que assustam os corredores da distância: "bater no muro", correr "com um urso nas costas", entre outras. Nada muito amigável... Já passei pela experiência das dificuldades na minha primeira aventura de 42,195 quilômetros. Descrevo como uma retirada súbita da tomada, um apagão.

Foram muitas histórias. Até aqui, narrei uma animada vida de corredor. Evolução de marcas e de distâncias. Viagens, textos, nenhuma contusão! Minha primeira prova foi a Meia do Rio, em 2008, e estava inscrito para repeti-la no ano seguinte. Não foi o que aconteceu. A motivação para a resistência na corrida guarda muita relação com as dificuldades superadas. Eu já bati no muro. E foi feio. Para conhecer essa história, voltemos ao ano de 2009.

Meu ovo de Páscoa favorito é o Diamante Negro. Era o domingo dos chocolates e eu atacava meu exemplar tradicional. Uma dor na região lombar me incomodava bastante. No início, achei que poderia ser consequência dos treinos na areia, algum reflexo. Não bastasse, nas semanas anteriores, começara a sentir um leve desconforto no testículo, especialmente quando usava calça *jeans*. Agora, a situação não era mais de sensibilidade ou leve incômodo, doía mesmo. Havia alguma coisa errada. Achar um médico numa data como aquela não seria simples, e urologista não é habitual em emergência hospitalar. Após breve consulta à lista do plano de saúde e alguns telefonemas, consigo um horário!

O consultório do médico disponível ficava no Leblon. Prefiro guardar a identidade dele, a quem me refiro apenas como Dr. L. Entenderá meus motivos. Após uma espera padrão, sou chamado. Detesto o momento pré-atendimento. Sempre fico ansioso, preocupado. Após um brevíssimo relato meu, ele exclama:

– Vamos examinar!

Acredite, a primeira vez que alguém examina o seu testículo é inesquecível. Eu levanto da cadeira e imagino alguma maca ou similar. Inocente... Ele faz o exame ao lado da mesa. Estou segurando a ponta da camisa com o queixo. Bermuda e cueca abaixo do joelho.

– Ih, você tá com uma orquiepididemite braba! Dói?

– Ai, ai, ai!

Ali, de pé, sem luva. Simples e direto. Rude eu teria certeza absoluta pouco depois. Traduzindo, eu estava com uma inflamação. O tratamento incluía repouso, antibióticos e o uso de um acessório curioso: suspensório escrotal. Sua função é a mesma do primo mais famoso, muda-se apenas o objeto a ser suspenso. Um levanta as calças, o outro, o saco escrotal. De brinde, um exame de sangue. E assim passei uma semana em casa. Perdi um evento interessante pelo trabalho, mas as andanças eram realmente proibidas. As dores melhoraram rapidamente e o tamanho testicular voltava ao normal. Ótimo!

A persistente dor nas costas ainda se manifestava. Havia a chance de dois problemas simultâneos. Fiz exames de imagem procurando pedras ou outro problema nos rins. Nada... A ultrassonografia mais popular e festejada é das grávidas. Uma beleza! A de bolsa escrotal é menos nobre, certamente mais desagradável para paciente e médico. O inchaço aparente informava a inflamação e camuflava outros sintomas. O exame de imagem foi compatível com o diagnóstico inicial. Faço os exames de sangue solicitados. Os resultados dos marcadores não estão todos disponíveis ao mesmo tempo. Os dois primeiros estão fora dos parâmetros, mas não são específicos. "Câncer não incha nem dói." Ligo para um cirurgião amigo da família, informo os resultados de momento e ele me passa pedidos de vários outros exames de sangue. Com resultados ainda parciais, nada era conclusivo. Um cenário negativo era possível. Uma semana depois, de volta ao consultório, Dr. L. lê o exame e sai da sala. Depois de alguma espera, algo entre 20 minutos e meia hora, ele retorna. Sua expressão era grave.

– Desculpe a demora. Liguei para o laboratório para confirmar o resultado. Isso é feito em casos assim. O resultado é esse mesmo. O exame mostra que você tem câncer de testículo. Quero examinar novamente e vou pedir outro exame de imagem. Deite ali.

Finalmente sou promovido a um local decente, acho que um tipo de maca. Agora ele usa luva, no singular mesmo. Ele me examina com a mão direita. É rápido, questão de alguns segundos. Concomitantemente, toca o celular do Dr. L. Com a mão esquerda disponível, ele atende.

– Não posso falar agora, tô com um paciente muito grave.

Nossa, quanta gentileza...

O médico demonstrou competência do ponto de vista estritamente clínico, entretanto foi estúpido como ser humano. O diagnóstico não parecia muito desafiante, os exames completos eram claros, objetivos. Não procuro um ombro amigo, porém exijo respeito. Atender ao telefone durante uma consulta, minutos depois de dar um diagnóstico avassalador e segurando o testículo do paciente merecia denúncia ao Conselho de Medicina, porém eu tinha coisas mais urgentes a resolver. Pergunto pelos passos seguintes e pelas causas do tumor:

– Não há motivo para pressa. Devo te operar em uns 15 dias. Celular no bolso? Se isso causasse câncer, eu estaria rico!

Eu precisava sair dali. E rápido! Ligo para a esposa e uma colega de trabalho dela atende:

– Ela está com os pacientes. É uma emergência?

"Caralho, já liguei milhões de vezes e nunca me deparei com essa pergunta! Justo agora?! Que ironia..." Penso em meio segundo... "Sim, emergência!" Saio pela rua sem destino. Estava completamente desorientado. Eu queria ir para casa imediatamente. Procurava alguma privacidade. Precisava de uma bolha. Acho que pela primeira vez na vida, um táxi foi a escolha, num trajeto com outras opções fáceis. Seria apenas eu e o motorista. Informo o destino e peço o caminho da praia. Era um lindo dia de sol, sexta-feira, 17 de abril de 2009. O choro alternava entre o tímido contido e o compulsivo. Algumas quadras depois, a melodia da música do rádio finalmente chega aos meus ouvidos: "*Don´t worry, about a think. Every little think is gonna be all right!*"[5]

– Puta que pariu! Que merda de música é essa?

O motorista fica constrangido e se oferece para mudar.

– Não! Eu gosto da música. Só não esperava ouvir agora.

Provavelmente o sujeito não entendeu nada, mas o cenário era explicitamente confuso mesmo. Eu tinha novos exames de imagem a fazer, entretanto era questão de detalhes e de delimitação. Em poucas palavras, o câncer estava se espalhando? Não havia espaço para outro diagnóstico.

Para os claustrofóbicos, entrar no tubo de ressonância magnética é o próprio necrotério. Não tenho apreço pelo exame, mas eu tinha outros medos, maiores. Feito o novo exame, meus testículos tinham fotos de todos os ângulos possíveis e imagináveis. O esquerdo estava deformado pelo tumor, o direito completamente normal. Agora eu precisava selecionar criteriosamente um urologista. Não seria o primeiro disponível num catálogo, particularmente quem fala ao celular apertando o meu saco. Nunca gostei de puxa-sacos. E nunca pensei que passaria por uma situação tão literal!

---

5 Seria algo como "Não se preocupe com qualquer coisa. Tudo vai ficar bem!".

Ouvindo indicações, dois nomes se destacam. Na terça-feira seguinte é feriado. Um tem horário disponível na segunda, outro na quarta. Sigo a primeira opção. A secretária dele faz uma pergunta interessante: "É segunda opinião?" Provavelmente muitos pacientes o procuram depois de receberem diagnósticos ruins.

O primeiro atendimento é feito por um médico assistente. Conto a história, mostro resultados de exames de imagem e de laboratório. Enfim, o chefão entra. Aparenta uma humildade que contrasta com a pompa e a fama. Os predicados médicos do Dr. Paulo Rodrigues provavelmente dispensam meus comentários. Como paciente, posso confirmar que os seus caríssimos honorários valem cada centavo. O momento mais importante foi o seguinte:

– Tenho cinco cirurgias marcadas para amanhã pela manhã. Posso encaixar você. O que acha? Depois de hemorragia, sangramentos, essa é a maior urgência.

– Sim, vamos resolver o problema o quanto antes. Não quero dar tempo e oportunidade para um câncer dentro de mim. Quero arrancar o mal pela raiz.

Já era noite, provavelmente perto das 20h00. Pergunto pelo valor da cirurgia e ele diz que a equipe entrará em contato informando. Seguimos para casa, eu e a minha esposa. Era buscar algumas roupas e ir para o hospital. Assim, eu garantia a vaga. Estava previsto novo exame de imagem pela manhã, a cirurgia seria na sequência, provavelmente perto do meio-dia. Esse choque repentino foi providencial. Não queria ter tempo para reflexões. Ainda precisava atualizar pai, mãe e irmã.

No caminho de casa, pelo celular, sou informado dos valores. Os custos de médicos e assistentes totalizam dez mil reais. O hospital seria por conta do plano de saúde. Aguardariam eventual reembolso da seguradora, os cheques seriam depositados em data futura, a combinar. Sim, um montante relevante para a maioria dos mortais, eu incluído. Eu tinha trinta mil reais em caixa. A orientação usual é poupar hoje, pensando no amanhã. Naquela situação, eu deveria gastar hoje para garantir o amanhã. Simples assim. Complexo assim. Certamente o meu melhor investimento já realizado. A confiança precisava ser total. No hospital, sou recebido por outro médico, mais um da equipe. Ele já sabe dos detalhes.

Dormir naquela noite não seria tarefa fácil mesmo em casa. Em ambiente hospitalar, aumente a dificuldade. A toda hora aparece alguém para fazer alguma coisa. Uma espetada, verificação da pressão arterial etc. Gosto de desafios, recuso o remédio para dormir. Algum tempo depois, após breve cochilo, acordo apavorado. Ter pesadelos com monstros, fantasmas, assombrações e afins, por exemplo, seria ruim o suficiente... Com erro médico era provocação! Haveria o risco de tirarem a bola errada? Eu tinha dois testículos. Em breve, apenas um. Não pode haver falha! Aperto o botão da enfermagem. "Lembra aquele remédio? Tem certeza que essa dose é forte o bastante?" – pergunto, tentando fazer alguma graça.

Chamo o primeiro médico que me visita pela manhã e pergunto sobre a necessidade de colocar o "lembrete" no local da cirurgia. Naturalmente ele argumenta que era desnecessário. Particularmente naquele caso, a diferença era evidente – entenda, era a "bola boa", com tamanho e formato normais, e a "bola ruim", bem diferente – o que era impossível discordar. Ele completa explicando que seria possível tirar e recolocar ambas! Agora era o filme de terror, o pesadelo acordado. Já não bastava o procedimento de tirar um testículo pela virilha? Sim, não fazem cortes na formalmente chamada bolsa escrotal. A porta de entrada (e saída!) é no púbis. Quase uma cesariana! Não bastava os marcadores tumorais indicarem que meus níveis hormonais eram compatíveis com alguns meses de gravidez, até sensibilidade nos mamilos eu senti... Nada de enjoo, não me provoque! Agora é até engraçado. Naquela hora...

Acordo e é hora de entrar pelo cano novamente. Fico muito tempo entre ressonâncias e tomografias. De novo. Meu mundo não estava apenas de ponta-cabeça, era um pesadelo constante, onde dormir ou acordar não mudava a realidade. Eu vivia num universo paralelo. Quem lembra do clássico De Volta Para o Futuro vai entender muito bem. E eu não tinha ninguém para fazer queixa, pedir minha vida de volta. Com dois anos de casado e mais alguns de relacionamento, não era no meu exame que aqueles resultados de gravidez deveriam estar! Medo? Não de início. O choque e a surpresa superam tudo. Demora para entender e aceitar a nova condição. Tudo parece vago, abstrato. Passado o impacto inicial, é a fase do terror. Era 21 de abril de 2009, Tiradentes. Pessoalmente, rebatizei o feriado como "tira-bola".

Após a cirurgia, recobro a consciência aos poucos. A sensibilidade nas pernas viria algumas horas depois. O cenário era de horror. Todos ao meu lado revelavam esforço para controlar o desespero. Tempos depois, entendi que o relato do cirurgião era preocupante. No início da noite eu conheceria meu oncologista. O tratamento quimioterápico deveria começar em breve. Talvez questão de dias. Os meus tais linfonodos poderiam estar contaminados, explicando a dor lombar. Era o caminho natural da doença: testículo – linfonodos – pulmões – cérebro. O ciclista Lance Armstrong chegou ao último estágio. Eu poderia estar no segundo. O tratamento é muito eficaz, entretanto a evolução daquele tipo de tumor é rápida e devastadora. Não havia tempo a perder.

Aguardamos o novo médico. Agora minha cabeça está boa, tenho alguma sensibilidade nas pernas e consigo mexer os dedos dos pés, ainda recuperando da anestesia. Meu amigo Zé aparece para uma visita. Ele brinca que era a oportunidade única de me ver sob efeito de algum entorpecente. Acho que tinha razão... Estávamos apenas eu, minha mãe e minha esposa. Pai e irmã tinham ido embora, a anestesia me roubou quase toda a memória deles naquele dia.

Pouco depois, chega o Dr. Daniel Herchenhorn. Ele puxa uma cadeira e senta ao meu lado. A nossa expectativa era máxima. Suas próximas palavras informariam o meu futuro. Após uma breve introdução, ele diz que demorou porque era importante verificar os exames antes da visita. Revelou que a visita, naquelas condições, era muito zelo.

– Não se preocupe, você vai ficar bem. É o tipo de caso que o paciente fica curado. Meus exemplos de sucesso! Os linfonodos estão no limite do que consideramos normal. Podem ter sido afetados ou não. Não importa, trataremos com quimioterapia. Preciso que se recupere da cirurgia, nos encontramos no consultório.

Ainda brinco com o Zé que ele presenciou meu momento mais íntimo da vida. Esqueçam a literal "puxação de saco". Aquilo sim, era intenso. Certamente inesquecível para todos os presentes. Era o ápice de um dia emocionante. Recordo nitidamente cada detalhe.

Não tenho o costume de chamar médico de doutor. Uso o termo com interlocutores (secretárias, telefonista...) pelo hábito... deles! Frente a frente, na consulta, chamo pelo nome. O urologista era um senhor, com quem tive pouco contato. Talvez tenha seguido nossa cultura predominante... Com o (doutor) Daniel, me permiti uma intimidade quase automática. E assim foi, apenas o nome.

Eu ganhei novos exames de sangue para fazer. A evolução pós-operatória dos marcadores definiria os detalhes do tratamento. Consulta marcada para a semana seguinte. Estar recuperado da cirurgia era fundamental. A quimioterapia causaria nova devastação, eu precisava estar em bom estado na largada.

Maratonas diárias

> "Retroceder nunca, render-se jamais."
> A frase é boa, ignore a fonte!
>
> Highway to hell – ACDC

Segunda-feira, 11 de maio de 2009. Ainda faltavam 12 meses e 12 dias para a minha primeira maratona, eu não sabia. Era o início da quimioterapia. Nas longas horas de duração do tratamento, eu poderia completar 42.195 metros. Mas as corridas ainda não eram parte da minha vida.

Havia tempo para tudo: conversa, cochilo, leitura, música... e muita reflexão. O meu ciclo era assim: de segunda a sexta-feira, tratamentos longos, de três a quatro horas de duração. Nas duas terças subsequentes, tratamento curto, coisa de uma hora ou menos. Após a cirurgia, meus marcadores tumorais abaixaram menos do que o esperado, então foi preciso fazer três ciclos desses.

Pense nas melhores metáforas beligerantes disponíveis. Eu me sentia como um recruta no desembarque da Normandia: armado, despreparado, apavorado. Ao longo do processo, descobri que eu estava diante de um desafio de resistência física e mental, certamente não nessa ordem. Na corrida, essa seria a minha especialidade.

Ao receber a medicação intravenosa, a ansiedade é pelos primeiros sintomas do tratamento. Era uma curiosidade genuína. O cabelo ainda ficaria algumas semanas na cabeça. Os vários remédios contra enjoo deveriam fazer a sua parte. Vômito era possível, mas não muito provável. A contrapartida era constipação. De volta à prisão de ventre da infância... Combinando a mínima atividade física com a pouca alimentação, em alguns dias o aparelho digestivo parecia ausente, de férias.

Não precisei de um cateter, apenas revezava os braços em uso para receber a medicação. Minhas veias são boas para injetar remédios ou para coletar sangue, a alegria da equipe de enfermagem. E também uma pressão adicional! Especialmente quando a esposa do paciente é enfermeira... Ainda que o tema tenha surgido num papo informal, assumidamente gerou alguma pressão no pessoal. Em caso de eventual erro, era difícil arrumar desculpas. Qualquer procedimento vinha com comentário incluído.

"Você deve tomar o máximo de líquido que puder, ajuda a eliminar as toxinas da medicação." Uma recomendação dessas aos ouvidos de um paciente obediente, determinado e, principalmente, ainda sem enjoo, era uma ordem de ataque. Fora os litros de soro e de remédios colocados diretamente na circulação sanguínea, eu bebi outros tantos. Estava operando em modo contínuo. Conto mais de dez copos pequenos d'água na primeira hora. O técnico de enfermagem foi verificar se eu não tomava mesmo diurético, comum no tratamento de alguns colegas. Afinal, com meu braço preso ao soro, era trabalho dele me ajudar no caminho até o banheiro.

Para ajudar na hidratação, levo um litro de suco de laranja – meu favorito – e um litro de água de coco. Não gosto, mas todos elogiam seus benefícios. Adicione isso nas contas. De entrada e de saída. Nos meses seguintes, eu tinha forte ânsia de vômito ao sentir o simples cheiro daquela fruta. Do topo, ele foi para o final da lista de preferências. Apenas algumas horas foram suficientes, o corpo estabeleceu essa associação. O primeiro dia de tratamento acabou sem consequências físicas. O corpo estava bem, a cabeça exausta.

Sem explicação aparente, o terceiro dia foi fisicamente duríssimo. Quarta-feira, 13 de maio de 2009. O pior do tratamento. Corpo destruído, autoestima aniquilada. Como reagir? Dores e enjoo. Cansaço descomunal. Ainda não conhecia a experiência da maratona. E a causa era muito pior, sem a contrapartida de uma prova concluída. Nenhuma corrida me deixara em condição semelhante. Ou eu seria sumariamente um ex-corredor. Se os problemas aumentassem daquela forma, seria insustentável. Todos garantem que a sequência de tratamento numa tarde e na manhã seguinte – culpa da agenda da clínica – não explica.

Em poucas palavras, eu estava exausto, sem fome, muito enjoado, mas isso era detalhe. Completamente sem energia. O corpo inteiro doía. Reduzi aquela hidratação enlouquecida. Era ruim durante e depois. Manhã, tarde, noite e madrugada tentando acertar a mira no vaso sanitário. O corpo fica inchado em consequência dos corticoides. Mãos e pés mais quentes que o resto. Tudo normal...

Era domingo, dia 17 de maio. Pense num hábito rotineiro, diário. Pão é meu alimento cotidiano. Tipos variados, pela manhã e muitas vezes à noite. Do árabe ao francês, integral ou não, do pão de queijo ao pão com queijo. Eu não conseguia comer alimentos sólidos. A melhora era gradativa, eu estava inseguro.

O gosto, eu não sentia plenamente. Sim, os efeitos colaterais são os mais amplos possíveis. Mais que sabor, eu me alimentava de emoção. O queijo era derretido aquele dia, o usual foi extraordinário. Casca crocante, deliciosa. Mágico! Não recordo ter saboreado tanto uma mordida. Fui lento. A insegurança juntava-se ao prazer do momento. Nada mais simples. Dizem que a fome é o melhor tempero. Não... A emoção do momento transformou um lanche trivial num delicioso e memorável banquete.

A segunda-feira seguinte foi um dia especial. Eu me sentia muito bem fisicamente e fazer uma refeição normalmente era uma alegria intensa. Bom papo, cinema, tudo que alguém pode desejar: uma vida comum. No caminho de casa, as dificuldades voltam junto com as memórias. "Amanhã é terça!" Ou seja, dia de quimioterapia. Começo a suar e a alegria é substituída pelo desespero. Por algumas horas, eu tinha me sentido uma pessoa normal novamente, em uma tarde agradável. Havia esquecido os problemas. Diante dos meus olhos, minha carruagem se transformava em abóbora, junto com o movimento dos ponteiros. Estava de volta à trincheira, à espera do reinício das hostilidades. As terças-feiras apresentaram-se simples e sem maiores consequências. Eu estava recuperado da dura semana.

A nutricionista recomendada indicou suplementação alimentar. Era um daqueles *shakes*. A novidade se chocava contra meus conceitos alimentares. Recusei de início. Quando a associação entre perda de peso e de apetite se intensificou, fiquei sem argumentos e segui seus conselhos. Ali, a lógica era oposta à convencional: o ponteiro da balança não deveria descer.

A abertura da minha boca para os alimentos seria "lenta, segura e gradual". Eu não estava preparado para decepções. Antes de saboreá-los, passei a desejá-los. A simples vontade de comer, estranhamente separada da fome, era um sinal positivo. A combinação de vegetais verde-escuro com suco de laranja era muito salutar. Um continha ferro, outro ajudava na sua absorção pelo organismo. A anemia é um efeito colateral muito comum durante o tratamento. Comi muito brócolis, o favorito da categoria, e espinafre, mas não escapei da chamada leucopenia. Era a redução no número de leucócitos no sangue, da minha defesa!

Sucos ácidos eram bem recebidos no estômago. A limonada tornou-se companheira habitual. Hidratação era fundamental – "você deve tomar o máximo de líquido que puder, ajuda a eliminar as toxinas da medicação." – e o limão contribuía para tornar a tarefa menos difícil. Nos dias longos, de segunda à sexta, as refeições perdiam consistência gradativamente. A partir de quarta, eu conseguia ingerir somente sopas e cremes. De batata ou de cenoura tornaram-se prediletas. Sem condimentos, quase água e legumes. E biscoito de polvilho. Leve, com ingredientes simples e digestão fácil. Tudo funcionava como remédio. Com a redução do paladar, o sabor perdia a relevância.

Cada dia era uma conquista, alguns quilômetros naquela maratona. Bons resultados de exame eram emocionantes. O caminho ainda era longo, eu sobrevivia a uma prolongada sequência de batalhas. Para um sujeito sério, que nunca aprendeu a comemorar vitórias além-futebol, era um aprendizado. No maremoto emocional onde eu navegava, havia argumentos para desesperar e para celebrar. As emoções tomaram o controle, alternando entre positivas e negativas. Foram tempos estranhos aqueles. Como um prisioneiro acuado por décadas, como um ex-escravo submisso, a emoção dominou e subjugou a senhora Razão. Eu não sabia o que fazer. Era refém de outro Eu, então desconhecido. "Vai dar trabalho arrumar essa bagunça...", pensei. Eu tinha apenas uma certeza: nada seria como antes. Era preciso compartilhar o poder. Pago o preço do erro cometido. Represei o rio dos sentimentos e me afoguei na armadilha criada. Tinha a insegurança de um iniciante, me sentia como um bebê.

Prometi aprender a cozinhar. Demorei, mas minimamente cumpri. A lista de planos aceitou alguns sonhos, sem compromissos. A maratona estava em lugar de destaque entre eles. Aprendi que posso escolher e mudar de opinião, fazer uma atividade sem empenho máximo, apenas para conhecer.

Aprendi a dormir – cochilar... – sentado, quando o enjoo impedia a posição completamente horizontal. Tive pesadelos comuns e incomuns. Dormindo ou acordado, me sentia prisioneiro de um sonho ruim. Acho que sofri alucinações leves. Acordava sem saber onde estava, precisava de alguns instantes para entender e reconhecer o meu próprio quarto. Esquecia coisas simples. Tinha calafrios e muito medo. Até o senhor racional estava confuso.

Uma dor no maxilar levantou a suspeita, mais inoportuna possível, de manifestação de um siso. Alarme falso. Tive febre em dois momentos durante a quimioterapia. Algum oportunista aproveitava a fragilidade do meu sistema imunológico. O que seria adicionar um "inocente" antibiótico ao coquetel ao qual estava submetido? É quase como um refrigerante de zero caloria numa churrascaria rodízio. Ou uma flatulência adicional para quem a dor de barriga já colocou no trono. Foi um pequeno susto, que não afetou o tratamento previsto. Melhor assim... Na largada, um dos remédios contra o enjoo causou reação alérgica. Fiquei completamente tomado por espinhas. Eram incontáveis. Ao deitar, usar uma camisa era indispensável para não manchar completamente o lençol. Retirada a causa do problema, tudo voltou ao normal, ficando apenas a coceira. Com a pele sensibilizada por alguns dos componentes da quimioterapia, uma inocente coçadinha deixava manchas, que melhoram gradativamente ao longo do tempo. Após cinco anos, estão razoavelmente discretas.

Voltando ao exemplo das grávidas. Ao ver uma mulher com a barriga característica, o tema impera. Todos querem ouvir, contar e sugerir. No câncer, o processo é semelhante. Todos têm as suas histórias, a maioria delas sem final feliz. O assunto o domina integralmente, o pensamento era monotemático. Cada chance de mudar de conversa é preciosa. Vale qualquer coisa: guerra no Oriente Médio, morte do Michael Jackson, derrota do seu time.

A careca foi naturalizada quase de imediato. Detalhes eu conto na sequência... O novo visual apareceu até nos loucos sonhos que me acompanharam à noite. Perdi alguns quilos e cheguei ao meu peso de corredor pré-ultramaratona, 68 kg. Àquela época, era pele e ossos. Uma leve caminhada pela orla quase terminou em lesão muscular. Eles também estavam fragilizados. Muitas unhas caíram ou ficaram escuras, quebradiças e sensíveis. As juntas doíam. O simples movimento de girar uma chave, ao pressionar os dedos, provocava dor intensa.

Pensar no futuro melhorava o presente. A simples confiança no dia seguinte é um conforto. Pela minha criação, aprendi a confiar em soluções que o senso comum chama de alternativas. Mãe astróloga, pai apicultor... Então, a quimioterapia me coloca como um alopata declarado e militante, eu acredito nos remédios! Entre os estereótipos apresentados, entre o soldado e o monge, as aparências enganam. Onde muitos viram apenas uma batalha, eu vivi uma (r)evolução espiritual. Um novo sujeito, num antigo corpo. Eu tinha uma história que era reinterpretada capítulo a capítulo.

Ansiedade, medo, vergonha, esperança e o espelho

I belive in miracles – RAMONES

Ao longo de todo o processo de diagnóstico, tratamento e acompanhamento, frequentei diferentes salas. Cada uma delas mobilizou sentimento particular de modo predominante. Esqueça a racionalidade... A emoção domina cada momento. As salas de espera de consultórios e de exames eram ansiedade pura. Nunca gostei delas. Agora, detesto! Tranquilo, ali, só a secretária ou um eventual representante de laboratório. Se você está calmo, provavelmente não entendeu o problema no qual está metido! Na longa e subsequente etapa de acompanhamento, cada visita fortalece a sua confiança, pode até reduzir a ansiedade, entretanto não é capaz de eliminá-la.

O roteiro no oncologista é semelhante ao das demais especialidades da classe médica: impontualidade. Detesto esperar, mesmo para confirmar um bom resultado evidente. Os acompanhamentos são simples e diretos. As consultas iniciais, que envolvem diagnóstico e perspectivas, transformam a vida do sujeito. Aquelas durante o tratamento também podem inspirar muitos cuidados. Falo com a "autoridade" de paciente. Essa racionalização não me relaxa, mas sei que outros precisam de mais atenção que eu naquele momento, se estou numa simples visita de rotina. Posso esperar. Quando meu médico se desculpa pelo atraso – para a categoria, ele é pontual – respondo que ele não cuida de dor de barriga. Quem recebe uma notícia devastadora merece atenção total. Não me permito o egoísmo de alguns minutos.

O episódio a seguir aconteceu quando eu fazia apenas o acompanhamento. Chega um paciente, acompanhado da filha, e conversa com o secretário na recepção. Rapidamente, ele informa que não conseguiu buscar o exame. Apresenta um protocolo e pede para verificar o resultado na internet. Instantes depois, com os números nas mãos, declara como quem verbaliza os próprios pensamentos: "vamos ver o que vai ser da minha vida". Poucas palavras são necessárias para resumir com precisão o momento. Após rápida avaliação, com seus conhecimentos de paciente, o resultado parecia bom. Melhor que o anterior é sempre boa notícia, embora não necessariamente suficiente. Não sei o final dessa história.

O passo seguinte, depois da espera, é a sala de um médico ou de um exame. A sua hora da verdade. A ansiedade atinge o seu pico e é substituída pelo medo. Pessimismo meu? A sua vida em poucas palavras, pela interpretação de um número ou de uma imagem. Em condições normais, o jaleco branco já é suficiente para aumentar minha pressão arterial.

A ansiedade pode variar, mas não se separa de mim. Seguem alguns exemplos. Ainda na fase de diagnóstico, a desagradável fila de médicos – o chefe e seus assistentes – para uma "apertadinha" no seu saco. Outra vez, ainda me recuperando da cirurgia, liguei para o urologista. Ele pediu um exame de imagem e perguntei se deveria marcar uma consulta também. Respondeu:

– Claro, faço questão de apertar o seu saco!

A frase gerou um raro momento de riso num período tenso. Apenas espero que ele não diga o equivalente aos pacientes de próstata!

Ah, as famosas e inesquecíveis entradas pelo cano... Poucas vezes uma metáfora é tão literal. Falo especialmente da ressonância magnética. O contraste do iodo é um bônus. O barulho, um brinde. Para os claustrofóbicos que não gostam de injeção, é a tempestade perfeita. O efeito inicia com uma queimação no períneo e termina com gosto metálico na boca. Huuummm...

Nas rápidas consultas de acompanhamento no oncologista, depois dos minutos técnicos médico–paciente, predominavam os temas esportivos. Com o passar do tempo, o Daniel mudou de tênis. Largou a raquete e seguiu o exemplo dos amigos corredores. "Todos os meus colegas correm. Muitos levam tênis até para viagens. E eu fico sem parceiro pra jogar."

Falo agora de outra sala de espera. Mesma função, tudo diferente. Suas características mobilizam outra forma de emoção. O Daniel informou que é praxe o paciente que se submete a quimioterapia coletar e guardar esperma. Nada específico do meu caso de câncer de testículo. Os remédios usados na quimioterapia podem afetar a produção (quantidade e qualidade) dos espermatozoides. Minha fonte produtora deles agora era singular, o que não representava um problema.

Procuro uma clínica que oferecesse o serviço de armazenagem de esperma. Ansiedade? Sim, presente! A sala de espera é separada em pequenas baias, que abrigariam um sujeito sozinho ou um casal. A arquitetura revela o sentimento, a vergonha. A segregação é um tipo de esconderijo, um buraco onde podemos nos enfiar. Na escala de prioridades, estar vivo vem antes, o que quase neutraliza o constrangimento. Para mim, era mais um exame chato.

A fertilidade mobiliza nossos instintos mais primitivos. Quando foi a minha vez de realizar o procedimento, aconteceu assim: uma atendente, aparentando uns 50 anos, me conduziu pelo corredor e indicou a sala. Carrego nas mãos um pequeno pote de isopor.

– Dentro tem um pote de plástico. Feche bem e entregue o isopor na recepção.

– Alguma recomendação? – pergunto pensando estritamente nos procedimentos para o exame.

Com uma expressão de "puta que pariu, terei que explicar o exame pra ele? Sou paga apenas para indicar a sala!", ela arregala os olhos, dá um pulo para trás e gagueja: "Co-como assim?". Fico constrangido.

– Desculpe, nada mais sobre o exame? Obrigado.

Eu ainda carregava todas as marcas da cirurgia. Hematomas, inchaço, dores. A coleta de esperma já tem o vexatório natural; naquelas condições... era um desafio!

Era a mais demorada das salas. Um incauto, desavisado, pode imaginar um ambiente mórbido, triste. Naturalmente, alegria não é o sentimento predominante numa sala de quimioterapia. Em formato de L, tinha umas 15 poltronas. Confortáveis, com apoio reversível para os pés. O posto de enfermagem ficava numa posição quase equidistante em relação aos pacientes. Havia colegas de várias idades, a maioria aparentando mais de 40 anos. Acho que mais mulheres. Crianças não faziam tratamento ali. Possivelmente eu era o mais novo naquele período.

Ele foi um companheiro anônimo, que passa e deixa lições e inspirações. Ficava pouco tempo conosco, era um colega eventual. Seu tratamento era rápido, apenas recarregava uma espécie de bomba, que lhe injetava continuamente a medicação durante alguns dias. Ao sair, virava-se para o centro da sala e exclamava em alto e bom som:

– Saúde para todos nós!

Aquele brado ecoava por toda a sala, calando fundo na alma de cada um. O timbre da voz era firme, penetrante. Uns respondiam em som, os demais apenas compartilhavam silenciosamente o pedido. Tive a oportunidade de presenciar essa cena três vezes. A lembrança ainda é emocionante. Ali, alguns lutavam por uma prorrogação, outros negociavam apenas uma qualidade de vida nos acréscimos já ganhos. Uns poucos, com mais sorte, almejavam a uma nova vida.

Ninguém lutava contra a morte, todos estavam unidos pela vida. Se por acaso acreditar e tiver a oportunidade de encontrar com o seu Deus ao longo da vida, por obséquio, não passe a vergonha de pedir dinheiro ou mesmo felicidade. Solicite apenas saúde. O resto é por nossa conta, risco e esforço. Nossas maiores batalhas são travadas na solidão da nossa intimidade mais profunda. Mesmo rodeados de amigos, pessoas queridas, temos que olhar fundo na nossa alma. E lembre-se: o sentimento ali é esperança.

* * *

Era mais uma sessão. As músicas selecionadas estavam entre as favoritas. Lentas ou aceleradas, distribuídas aleatoriamente. Aproveito o momento que a minha esposa foi ao banheiro e coloco os fones no ouvido. Chega aquela batida *punk* dos Ramones, *I belive in miracles*. Sigo o ritmo com uma das mãos, depois com a outra e com a cabeça. Começo a cantar baixinho. Ou nem tanto... Na verdade, eu não precisava de um milagre. Minhas chances eram excepcionais. Quando ela retorna apressada, eu nem desconfio... Ao redor, todos estavam em silêncio, apenas me olhando. Alguns, um pouco assustados, outros pareciam incomodados. Brinco que a culpa é da música, não dos remédios, mas ninguém riu. Peço desculpas e fico quieto o resto do tempo. Anos depois, em Buenos Aires, mentalizar aqueles acordes, agora em movimento, perto de completar uma maratona, promoveu uma explosão descontrolada de emoções. Canalizei toda a energia para as pernas.

A muralha

"Não é o mais forte da espécie que sobrevive, nem o mais inteligente, porém o que melhor se adapta às mudanças."

CHARLES DARWIN

Há tempos – LEGIÃO URBANA

Existe uma história japonesa muito interessante a respeito da importância da flexibilidade, diretamente aplicada às artes marciais. Jigoro Kano, o fundador do Judô, gostava de observar a neve caindo durante o inverno. Com o passar do tempo, percebeu que galhos finos, aparentemente mais frágeis, se vergavam com o acúmulo de neve. Ela caia e eles permaneciam intactos. Por outro lado, os mais rígidos, mesmo muito resistentes, acabavam se quebrando. Assim, os princípios do Judô usam alavancas e a força do oponente. Ceder para vencer.

O processo de quimioterapia é duríssimo, desgastante ao extremo, mas ainda sim, tratar do corpo foi a parte mais fácil do problema. A mente é a essência do indivíduo. Não há roteiro. Curá-la foi muito mais difícil. Se o corpo foi o muro, a mente foi a muralha. Eu precisava ceder para não quebrar, me adaptar para sobreviver. A doença foi apenas a porta de entrada. Assim, outros problemas, adormecidos ou trancafiados, foram sacudidos. Uma vez aberta a caixa das emoções, não podemos fechá-la antes de reorganizar com cuidado todo o conteúdo. Não é opcional!

No primeiro contato, manifestei meu total preconceito com o trabalho dela. Bom, existem maneiras melhores de começar uma relação... De positivo, apenas a minha sinceridade. É importante ser franco com a psicóloga. Necessidade e falta de alternativas me colocavam sentado naquela poltrona. O indivíduo à sua frente, provavelmente é do sexo feminino, não lhe dá palpites ou sugestões. Conselho? Nem pensar! Você nunca está fudido o suficiente para ter certeza de que chegou ao fundo do poço. Quando a sua autoestima acaba, você está morto. E eu precisava renascer.

O acompanhamento psicoterápico era recomendado a todos os pacientes e eu tinha oito sessões gratuitas. Era o ombro amigo profissional.

O começo era óbvio: "eu tenho câncer de testículo e meu mundo caiu." E depois? A frase, na primeira pessoa, é devastadora. Como em qualquer desafio, o processo de realização é um sacrifício, porém o resultado é recompensador. Era como trocar os quatro pneus de um carro em movimento. Essa foi a quinta sala, o espelho. As próximas páginas revelarão uma metamorfose, uma intensa catarse. Aprendi a valorizar a experiência prática. A partir do que vivi, faço comentários do que foi importante.

Eu desconhecia instrumentos e métodos para resolver problemas emocionais. Eles sempre foram sinal de fraqueza, combatidos com racionalidade adicional. A razão é o melhor instrumento para avaliar aspectos racionais e o pior para os demais. Eu estava diante de um desafio emocional. Não sabia o que fazer. A estatística é apenas uma organização de dados referentes ao passado. Racionalidade pura! Se você está com câncer, mesmo a probabilidade mais favorável, 90% é ótimo, não esclarece muito. Não se trata de pessimismo. Bom, nesse aspecto, a sorte já lhe faltou uma vez. Tampouco é uma questão de força de vontade; elemento fundamental, mas não suficiente.

A vida não espera enquanto você se reinventa. Acontece "tudo ao mesmo tempo: agora". E você não pode pedir um intervalo. Seu mundo desaba na sua cabeça, não há chão sob seus pés, você nada e não sabe se está em direção ao fundo ou à superfície. Não há roteiro, apenas troca de experiências.

Muitos livros de autoajuda disponíveis destacam a importância do pensamento positivo, particularmente em situações extremas. Têm utilidade, mas recomendo que aceite e respeite o seu sofrimento. Você tem motivos justos para tristeza. É difícil sorrir nessas condições. Não se pressione a pensar positivo.

Ouça opiniões, selecione um bom médico. Confie nele e nos remédios. O diagnóstico não significa o fim de tudo, mas nada será como antes. Você acaba de iniciar uma jornada que modificará passado, presente e futuro. Curado ou não. Em situações extremas, você aprende a confiar nos outros. No sujeito que vai lhe dopar, no que vai lhe cortar e, ainda, no que vai apontar o polegar para cima ou para baixo, indicando o seu futuro.

Nenhum oncologista fala claramente que seu paciente está curado. Essa expressão simplesmente não existe nessa especialidade. Eles usam a palavra no meio do discurso indireto. Simula, tangencia, mas... Você entenderá claramente a diferença entre "ser" e "estar". Você não é saudável, você está saudável! Agora, organize sua cabeça com a novidade. Estamos em um caminho sem volta. Uma pesada porta se fechou atrás. Você acaba de receber uma marca que carregará para sempre. De maneiras diferentes, sempre retomará as lembranças. Tic-tac, tic-tac, tic-tac.

A evolução psicológica do paciente acontece em etapas. Não aprendi isso no consultório, foi no seriado do médico com nome de casa. Por favor, não adote como receita! Como recebi a informação depois de cumpridas algumas etapas, não fui influenciado. Não são etapas bem delimitadas, com início, meio e fim claros. Pode haver retorno. Mas o roteiro foi surpreendentemente preciso.

Não! Negação usualmente é o primeiro passo. A minha racionalidade aceitou as evidências físicas. A dor e a deformação no testículo facilitaram o trabalho. Não neguei os fatos. Exames feitos e refeitos. Aquele sentimento de "é isso mesmo?" foi ligeiro. Era isso mesmo!

Ira! Eu estava com raiva. Não... Melhor, eu estava muito puto da vida! Furioso mesmo. Tudo que você acreditava sobre livre arbítrio, escolhas, causa e consequência... blá, blá, blá... Estava revoltado com a minha situação e não tinha onde fazer formalmente a queixa.

E se... Os gramáticos chamam de conjunção condicional. É o cenário alternativo dos economistas. Até o mais apaixonado dos torcedores de futebol sabe que esse argumento prolonga o papo, mas não muda o placar do jogo. Esqueçam os cenários. Você não terá outras chances. Pensar alternativas impossíveis é a pior tortura disponível. Não há negociação ou barganha a fazer.

Para os que não nasceram no mundo dos celulares, para quem usou telefone público, a ficha caiu! Então você entende o tamanho do problema. Conexão feita. A consequência natural, dada a ausência de dúvidas ou alternativas, é uma tristeza profunda. Dizem que eu sou pessimista. Se a vida seguisse a classificação da Literatura, eu me colocaria entre os Realistas. A vida é injusta, eu sempre soube, mesmo tendo sido favorecido pela sorte. A vida pode simplesmente dar errado. Fracasso é uma possibilidade real. Especialmente se você tem câncer.

Todo recomeço inclui perdas. O renascimento só acontece após a morte. A reconstrução começa pela destruição do atual. Qualquer opção diversa é maquiagem ou "puxadinho". Venci e perdi naquela disputa. De alguma forma, cedo ou tarde, carregando mais ou menos traumas, você aceita aquela situação.

Lembro de um amigo visitante que narrou o desespero dele ao ouvir a minha história e se imaginar em situação semelhante. Apavorado, procurou um urologista e foi examinado. Então, acalmou-se. A ridícula narrativa para um pós-operado que se recupera para iniciar a quimioterapia era distração. Não consegui ficar chateado. Foi até divertido. Nossos problemas, mesmo os obviamente e assumidamente insignificantes, são sempre o centro do Universo. Do nosso certamente, mas não temos tanta consciência.

Até que eventualmente somos abalroados por algo externo realmente grande, quando não teríamos a ousadia de comparar nossas singelezas. A compaixão inicial se mistura com uma envergonhada sensação de alívio. "Eu podia estar pior." Na primeira pessoa, claro. Então, gradativamente, nossas migalhas retomam o protagonismo.

Egoísmo não é característica de destaque (penso eu...) na minha personalidade, mas esse foi o momento mais egocêntrico da minha vida, ao menos até hoje. Se tudo desse errado... era o fim de jogo. Não seria exatamente o "fim do mundo", seria o fim do meu mundo. Nossa (pseudo) compaixão acaba quando o drama alheio é maior, não temos como passar adiante nossas mágoas. E assim circulavam pela mente ira, barganha, depressão.

Em casa de enforcado não existe corda. O ditado é mais ou menos assim. Todos querem saber as novidades. Comentam casos semelhantes que acompanharam. Alguns de sucesso, a maioria provavelmente não. Às vezes, queremos distrair a mente alguns instantes, falar de coisas simples. Ter pequenos prazeres ou desprazeres. Se envolver com uma partida de futebol ou com um bom filme. Tudo que o paciente de câncer quer é ser uma pessoa normal.

A ciência avançou muito no combate às enfermidades oncológicas. Mais vidas são salvas e as condições durante o tratamento são melhores. Entretanto, ainda existem muitas perguntas sem respostas, especialmente sobre as causas do problema. Esse vazio racional é preenchido pela emoção, como em qualquer sociedade. Ficar doente não é mérito ou punição. Nesse aspecto, o câncer é bastante democrático e não discriminatório.

Comparar o tratamento a uma guerra é um lugar-comum. Entretanto, a vitória passa ideia de merecimento. O derrotado não lutou o suficiente? Muito injusto... Combato fortemente isso. É uma daquelas raras e curiosas situações na vida onde a fé e a razão, colocadas em pontos extremos e opostos, apresentam explicações semelhantes. Não há espaço para meio-termo, para equilíbrio. Vitória ou derrota fazem parte da batalha. E nessa disputa, o número de perdedores provavelmente ainda é muito maior. Sim, merda acontece. E você estará no grupo majoritário muitas vezes ao longo dos anos.

Fé, razão, emoção. Escolha sua companhia e siga adiante. Ah, não são opções alternativas, recomendo que não se guie exclusivamente por uma delas. Mesmo se a racionalidade da estatística aponta numa direção, isso não é tudo. Parece, mas, a despeito do câncer, a vida não acaba com o diagnóstico. Ela recomeça e pode ser longa ou curta.

Coragem não é ausência de medo, concordo. Aqui vai uma ideia potencialmente polêmica: considero corajoso o sujeito que levanta do sofá e decide se preparar para correr uma maratona, que decide abrir uma empresa, por exemplo. Coragem ou covardia acontece diante de escolhas. Fazer o tratamento não era opcional. E sobreviver não é apenas questão de força de vontade.

Os exames agora são parte cotidiana da vida. Frequência quase semanal durante o tratamento, semestral no acompanhamento. O resultado do exame de sangue é bastante simples, qualquer paciente é capaz de interpretá-lo. Ao lado do nosso resultado, temos os números de referência, que provavelmente você já não precisa nem consultar. Depois de muitas leituras, sabe tudo de memória. Uns entregam o envelope fechado ao doutor. Não importa o perfil, todos ficam ansiosos, todos sentem medo naquele dia. Numa das raras frases ditas pela psicóloga, ela falou:

– Se há uma coisa comum a todos os pacientes, é a preocupação antes dos exames de rotina.

A orientação da psicóloga era que eu fizesse duas consultas semanais. "Não tenho tempo nem dinheiro para tantas consultas. Farei apenas uma, mas serei muito dedicado." O processo me consumia em tempo integral. Acordado ou dormindo, em casa ou no trabalho. Era quase um exorcismo. Ao final, ela comentou que duvidou do sucesso com apenas uma consulta semanal e que ficou impressionada com a minha dedicação. Acho que o equivalente na corrida me levaria ao recorde mundial!!

É dos carecas que elas gostam mais?

> "Involuntariamente ficar sem pelo algum é bem humilhante! Assim agem as polícias política e não política, vexam o encarcerado raspando-o."

A queda dos cabelos é a marca registrada do paciente que faz quimioterapia. Ao contrário do trecho citado na abertura, não me senti humilhado. Sinceramente, eu tinha outras prioridades, queria ficar curado. Procurei uma explicação mais otimista: eu buscava a humildade dos monges, igualmente carecas. Em outra versão, eu era um recruta na luta pela vida. Posso ter demonstrado o "pessimismo de sempre." Eu me senti otimista como nunca!

O boné me acompanhou nos eventuais momentos de rua apenas para proteger o couro não cabeludo do sol. Não me considero exatamente um sujeito vaidoso. Duvido que alguém defenda esse ponto de vista, mas ninguém gosta de ficar, involuntariamente, sem pelo algum. Nem eu. Aprendi que sentimos frio na cabeça sem o aparato capilar e me recusei a usar protetor solar. Eu escolhi naturalizar o novo visual, o que inclui alguns cuidados compatíveis.

Assim como os pelos demoram a cair, terminado o tratamento, eles não voltam rápido. Retomei a rotina de trabalho com o novo penteado. Alguns colegas de menor contato não me reconheceram imediatamente.

Em duas situações, interlocutores que desconheciam a causa da careca, comentaram algo como “ficou horrível”. É, bonito não ficou... Ou dito de outra forma, melhor com cabelo. Explicada a causa, não sabiam onde esconder a vergonha. Eles tinham motivos, eu não. De bermuda e chinelo ou de terno, as ruas o olham diferente. Com ou sem cabelo, também.

Vão cair pelos cuja existência você desconhecia. Os remédios combatiam as células de reprodução rápida sem muita distinção entre tumores, pele, unhas e pelos. Raspa-se o cabelo para manter a careca uniforme. Eles se desprendem aleatoriamente, em tufos. A queda gradativa deve aumentar o drama. Uma rápida visita ao barbeiro acelera o processo e equilibra a situação. Depois, não é preciso repetir a operação. A um colega de luta, recomendo que exiba sua careca com naturalidade ou cubra se preferir. Acima de tudo, não se envergonhe. Simplifico: é apenas o efeito colateral de um tratamento.

Não tenho conhecimento para atestar que todos pacientes de quimioterapia ficam carecas. Sim, afirmo que a maioria perde os pelos e grande parte disfarça. Perucas (discretas ou não) ou lenços para as mulheres, chapéus para os homens. Mais importante que descobrir se os carecas são os preferidos ou não, o amor próprio não deve ser abalado com esse detalhe. Os fios voltaram, ainda que em menor número. Já tive mais cabelo, provavelmente terei ainda menos.

Eu e um amigo sem contato rotineiro nos encontramos em dois fins de semana consecutivos, exatamente no período que o cabelo voltava a nascer. De completamente careca, dias depois eu estava ligeiramente diferente. Ele foi flagrado observando e abrindo um largo sorriso. Tudo discretamente... Aquela foi uma sincera demonstração de amizade. O Teixeira, que ainda diz que seu nome é Ricardo, muito provavelmente não lembra do episódio, mas eu lhe agradeço. Meu caro, até o momento, o careca é você!

No divã do asfalto

O pulso – Titãs

Uns usam drogas, legais ou não. Outros comem muito ou muito pouco. Eu corro! É escolha, não compulsão. Cada louco com a sua loucura. Gosto muito de correr muito. E assim encontrei o divã do asfalto. Por favor, não pense que cada longão é um sinal de problema! Afinal, não preciso deles para me encontrar. Sempre corro em boa companhia, seja dos meus amigos ou exclusivamente minha.

A corrida me colocou nas palavras. Abacaxis e limões transformados em suco. Os remédios curaram meu corpo, a corrida cura a mente. Tentei bloquear as emoções. Perdi. Fui massacrado, quase morto. Estúpido, uma represa apenas acumula água, não domina o rio. Resignado, mudei de estratégia. Aceitei meu lado emocional. Dei oportunidades para manifestação. A psicóloga foi uma muleta necessária. Apoio indispensável quando o chão se abriu. Recebi apoio e carinho de quem esteve ao lado, mas era preciso me curar, tratado o corpo, era a vez da mente. Impossível passar ileso por semelhante bombardeio. Por alguns meses, eu escrevia compulsivamente. Foi o método encontrado para canalizar as emoções. Não era exatamente verbalizar, mas cumpria a mesma função. A caneta parecia assumir vontade própria e revelava surpresas. Agora não havia os limites das quatro paredes de uma sala. A corrida proporciona meu contato íntimo, autoconhecimento. Quantas reflexões, quantas intuições! Cada quilômetro adicional aumentava minha confiança. Eu estava me curando! Foi como um novo amigo, uma outra pessoa que habita o mesmo corpo, que viveu a mesma história, sem oportunidades de expressão. Era um desafio novo, sem planos nem roteiro. Só havia um caminho a seguir, não era opcional. Vivia o mundo novo das emoções. Ainda não estamos completamente integrados, assumo. Às vezes, o velho ainda se surpreende com o novo. A relação não é de dominação como nos tempos passados, porém não posso chamar de equilíbrio. O antigo diria que é uma "meta de longo prazo"; o novato não faz ideia de como classificar, nem se preocupa com isso.

Como todo maratonista, minha vida mudou com a primeira linha de chegada na distância. Posso repetir cem vezes, correr mais longe ou mais rápido. É irrelevante. Conquistei a prova dos sonhos, depois que aprendi a sonhar. Meus neurônios foram poupados, mas minha mente estava contaminada. Eu precisava expelir aquele câncer. Eu sou o cirurgião agora. O antigo tem que morrer para dar espaço ao novo. Uma parte de mim morreu naquele período. E é bom que tenha sido assim. Celebro com uma corrida. Distância ou velocidade pouco importam. Valorizo o corpo em movimento, a vida em forma dinâmica. Não há metas a atingir. Trata-se de um processo constante, de duração infinita. Metamorfose ambulante, ação e reação simultaneamente.

A conexão entre o corredor e o seu esporte é como uma relação entre pessoas. Uns vivem paixão intensa, entre amor e ódio. Cara ou coroa. Minha relação com a corrida é de estabilidade, a cumplicidade de um casal de idosos com décadas de casamento feliz. Não tenho a intensidade e a ansiedade dos adolescentes. Para o não iniciado no esporte, o corredor é um exemplo evidente de masoquismo e autoflagelo. Até há os representantes assumidos do grupo... "Ah, eu gosto de sofrer!" Por favor, me inclua fora dessa! E recomendo que se afaste desse pessoal. O sofrimento é parte do jogo, assumo, mas a alegria e o prazer são maiores.

O asfalto – ou outros pisos – mostram muitas faces. O divã é apenas uma delas. Desafio, reflexão, amadurecimento, amizade. Diversão é a maior motivação e paixão sintetiza a explicação. As dificuldades me colocaram no caminho de sonhos antigos, da maratona. Num momento inicial de reorganização, o asfalto cumpriu papel de divã e de fonte de inspiração. O resto é desdobramento da história. Eu superei marcas que julgava improváveis. Enquanto as pernas permitirem, tenho um compromisso pessoal com a maratona do Rio. É a única certeza, a prova insubstituível no calendário.

O Imperador voltou!

"Uma vez Flamengo, Flamengo até morrer!"

Ainda estamos em 2009. Era o dia 31 de maio, mais um domingo. A minha segunda-feira não seria de retorno ao escritório. Meu trabalho seria outro. Eu iniciava o segundo ciclo da quimioterapia. As emoções alternavam entre esperança e tristeza. Naquele dia, o polêmico atacante Adriano voltava aos gramados com o manto sagrado rubro-negro. Futebol era uma grande distração. Era fundamental ocupar a mente com outros assuntos.

Ao acordar, recebo uma surpresa, um presente inesperado. As amigas da minha esposa, morando em cantos diversos do continente americano, me mandaram uma cesta de café da manhã. Muita gentileza, com um detalhe muito especial: a temática flamenguista.

Aquilo mudou o dia. Foi o estímulo necessário para me colocar no Maracanã, com uns quase 70 mil colegas de nação. Fisicamente eu estava em boas condições. Os enjoos aconteciam apenas na semana completa de tratamento e agora eu estava razoavelmente recuperado. Eu desejava e merecia alguma diversão antes de uma nova sequência de batalhas.

Em campo, vitória com direito a gol do dono da festa. No estádio, já venci e perdi junto com o time muitas vezes. Aquela foi diferente, uma vitória pessoal. Ah, o Imperador voltou! E a minha confiança renascia. Gooooool!

Deixando a bola rolar, incluo o relato das aventuras no jogo decisivo. Se a escrita fosse uma partida de futebol, eu diria que esse texto foi meu pontapé inicial. O ano de 2009 foi tão surpreendente que o Flamengo acabou campeão brasileiro depois de longos 17 anos!

Narro agora minha saga para entrar no Maracanã. Estamos em dezembro, no dia 6. Flamengo e Grêmio, o jogo do Hexa. Os ingressos se esgotaram rapidamente. Então, como única alternativa, procurei possibilidades em agências de viagens. Fiz uma pesquisa no sábado, semana anterior. Como o Adriano tinha queimado o pé, não queria arriscar meus reais com a chance de ver mais um título antecipado com paulistas ou gaúchos. Preço mais comum de R$ 150 para a então cadeira azul, com transporte. Várias agências tinham vagas.

Vitória e liderança! Sim, agora tenho que comprar o ingresso. Corri o risco e talvez pague mais caro... Vagas esgotadas em várias, forte aumento de preços em outras, mas consegui ainda por R$ 150! Quatro ingressos, vou eu e mais três amigos. *Voucher* na mão, ingresso só no ônibus.

O jogo começa às 17h00, encontro marcado para 14h30. Ansiedade crescente e nada do transporte. Às 15h00, consegui contato:

– E aí, cadê o ônibus?

– Tivemos um problema com os ingressos (?!) mas já resolvemos. O ônibus está chegando...

Enfim, chegou! Todos animados, musiquinhas de praxe etc. O guia fala:

– Ingresso, ingresso mesmo, não temos! Mas todos vão entrar. Vocês viram a ação da Polícia Federal... Chegando ao Maracanã, é esperar o nosso contato e entramos em grupos pequenos.

Suspense. Chegamos ao estádio perto das 16h00.

– Em dez minutos o contato chega!

Nada... A tensão aumenta, cambistas oferecendo ingressos... E eu me sentia como um criminoso à espera do comparsa.

– E aí, entramos ou não?!

Alguns ameaçam o guia. A bateria do celular dele acaba! Ninguém quer vir de Sergipe e ficar na porta do estádio! Colegas de outros estados ficam mais nervosos... Uns cercam o guia. Gritos. Porrada é questão de detalhe. Alguns compram com cambistas e pegam o *voucher* de volta. Como tenho R$ 10, a chance é o guia mesmo. Então, a maré começa a virar... Às 16h50, sim, faltando 10 minutos, aparece um cidadão, que abre um portão para o estacionamento.

– Olha, alguém quer tirar foto do ônibus do Flamengo no estacionamento?

Acho que, nesse momento, o guia arriscou a vida como nunca com essas palavras... Mais uns cinco minutos e depois uma portinha se abre... E estamos na rampa da arquibancada!

– Entramos, agora corre!

CAPÍTULO III

CAMARADAS

"Quem tem um amigo, mesmo que um só, não importa onde se encontre, jamais sofrerá de solidão; poderá morrer de saudades, mas não estará só."

AMYR KLINK

Qual é a sua tribo?

Com mais de 30 anos, nunca tive afeição especial por grupos. Interagia com muitos deles, de todos os tipos, mas nunca me encaixei. Mantinha a independência. Sentimento coletivo, apenas o nacional e o rubro-negro, o que considero muito distinto. Porém, em meados de 2012, no curto intervalo de poucos meses, me associei a três clubes ou grupos.

O primeiro era no sentido mais comum do termo. Estava motivado pelas facilidades da piscina e queria incluir natação na rotina. Ainda havia a possibilidade de tentar atividades náuticas. Pago a mensalidade e frequento as instalações. Sem traumas. E o preço era ótimo. Outro foi um clube de montanhismo, onde iniciei na escalada e retomei o gosto por trilhas e acampamentos. Seguimos...

O Chão do Aterro é um grupo de corrida, não é uma assessoria. Não temos treinador nem planilhas e afins. O Alberto e o Marco entraram na equipe durante a minha maratona de maratonas, o meu primeiro contato foi um longão na Barra da Tijuca, preparatório para a Maratona do Rio de 2012. Fui cooptado. Presa fácil, eu diria...

Lá, muitos colegas já corriam maratonas quando eu ainda engatinhava. É um grupo facilmente reconhecido, segue o estereótipo: camiseta verde, mais de 50 anos e muita velocidade nas pernas. Mais facilmente observado no próprio Aterro do Flamengo, mas há inúmeros relatos de avistamentos em outras cidades do Brasil e países de vários continentes. Agora, tenho uma tribo para chamar de minha. Sou corredor. Às vezes maratonista, às vezes menos... Ou mais! Mais lento que uns, mais **rápido que outros**. Gosto muito de correr muito.

A Comrades, famosa ultramaratona sul-africana, leva a camaradagem no nome. É sempre um prazer falar dessa prova extraordinária, mas o tema agora é amizade. Falo dos amigos que fazemos em provas e treinos. Estou falando do mundo das corridas, o que exclui os amigos não esportistas. Por exemplo, um amigo que prefere a Física à Educação Física, militante do sedentarismo, nunca poderá ser citado aqui, ainda que seja leitor assíduo dos textos.

No segundo semestre de 2009, a empresa onde trabalho, Finep, decidiu criar um grupo de corrida e caminhada. Fiquei animado, era uma grande chance. Eu estava muito motivado para voltar a correr e estava decidido a realizar o sonho da primeira maratona. Era a conjuntura ideal. A assessoria Filhos do Vento foi a responsável pelo grupo e destacou dois professores para a tarefa. Tínhamos uma tenda à disposição nos finais de tarde das terças e quintas-feiras. Heitor e Leandro comandavam a ação. O primeiro preparava as planilhas com a periodização individualizada dos treinos, o segundo dava boas dicas e ajudava no suporte nos dias de treino e nos alongamentos. No grupo, predominavam os caminhantes e os corredores iniciantes. Poucos se arriscavam nos dez quilômetros.

Conheci muita gente. Colegas de empresa, separados por funções ou andares distintos. A minha própria mudança de departamento só aconteceu pelos contatos do grupo. Muitos perderam peso e ganharam saúde. Não seria exagero dizer que a corrida mobilizou e uniu vários funcionários.

A motivação da coletividade é fundamental para muitos. Vários iniciaram e se aposentaram das pistas seguindo a manada. Esta me ajuda em alguns treinos específicos, não é a companhia que me faz colocar o tênis e sair de casa. Já sou viciado o suficiente. Como o meu combustível não é o resultado do relógio, às vezes a preguiça me ataca antes de treinos mais duros. Posso não ser derrotado frequentemente pela cama e seus apelos de desistência – acontece com todos – porém há mudança de planos na velocidade prevista para o dia.

Num "memorável" curso de capacitação proposto pela empresa onde trabalho, o professor sugere um estudo de caso relacionado à compra de um par de tênis de corrida. Então surge um cidadão bastante articulado, talvez meio marrento numa primeira observação. Era um colega novo. "Eu penso no ciclo de treinamento, vejo se algum amigo está com viagem programada para os Estados Unidos..." Alto padrão, coisa fina mesmo! Ele agia como um executivo. O contraste com os demais colegas era quase cômico.

Na meia maratona seguinte encontro o sujeito nos primeiros quilômetros e seguimos lado a lado. Embora o esforço intenso minimizasse o bate-papo, os incentivos eram mútuos. Lá pelo 19º quilômetro, eu acelero e abro distância. Fui vencedor no primeiro de muitos duelos. 1h 42min 58s. Era setembro de 2010. Assim fiquei amigo do Marco. Ele já entrou na história e ainda participará mais.

Faço uma breve pausa na narrativa da minha história para contar outra, da qual sinto muito orgulho de ter participado como espectador, motivador e *ghost writter*! De quebra, apresento mais um amigo corredor.

História alheia, mas sem fofoca: 19 quilos a menos e 21 quilômetros em 5 meses

Segue relato bastante tardio da Meia Maratona Internacional. Talvez um pouco atrasado, em contraste com a pressa para completar a distância. Mas penso que não há prazo definido para contar boas histórias. Fazia pouco tempo que me dedicava às corridas de rua. A Meia Maratona Internacional do Rio seria a primeira prova na distância. Desde os primeiros quilômetros, lá se foi praticamente 1 kg/km. Explico: ao longo de cinco meses de corrida, perdi 19 quilos. Antes das primeiras passadas, um grande estímulo foi a aquisição de uma balança sofisticada. Minha esposa reclamava que não perdia peso, mesmo com muita ginástica. A troca de gordura por massa muscular não alterava o ponteiro, o que era desestimulante. Então, compro uma balança que indica o percentual de gordura. A melhora do indicador era a injeção de ânimo. De partida, 30 a 35% da minha massa era composta de gordura... Seguindo o roteiro para reiniciação esportiva de um sedentário que passou dos 40 anos de idade, realizo todos os exames cardiológicos possíveis e imagináveis. Imagem, sangue, teste ergométrico... Nos resultados, o colesterol ruim está alto, o bom, baixo. Combinação péssima... Nas refeições, muitos gramas a menos no prato, sem mudanças radicais do conteúdo. Comida japonesa com alguma frequência e barrinhas de cereal ao longo do dia para moderar o apetite. Essa foi a receita. Segui as tradicionais orientações dos nutricionistas. Estava longe dos tempos de remador, quando completei a volta na lagoa em inacreditáveis 29 minutos e meio! Tenho testemunhas, hein! Mais de 20 anos depois e com 20 quilos extras, meu desempenho me colocava, aos poucos, na rota de retorno.

Da caminhada passei à corrida e a distância progredia. Inicialmente três, depois quatro... cinco quilômetros! Primeiro correndo aleatoriamente, usando e abusando da esteira comunitária do prédio. Já podia me considerar um corredor, ainda que iniciante e lento. Pace *de 6:30 (min/km). Os andares no trabalho eram alcançados pela escada.*

Minha primeira corrida de rua foi o Circuito Rio Antigo, dia 12 de junho. Agradeço especialmente ao pessoal da entrega do kit. *Esclareço: meu amigo e* ghost writer *fez a minha inscrição e foi buscar meu material, mas não tinha cópia do meu documento. Depois de muito papo, acreditaram que ele não estava em busca de camisetas extras. Agradeço! Completar aqueles cinco quilômetros de mãos dadas com a minha esposa, no Dia dos Namorados, fez de mim um corredor motivado. O sonho da maratona era possível, uma questão de tempo!*

Meu objetivo de longo prazo é correr 42.195 metros ao menos uma vez na vida. Não penso em me tornar maratonista assíduo, mas quero colocar uma medalha dessas no pescoço. Aproveito a estrutura e o apoio do grupo de corrida e caminhada da empresa onde trabalho. Eles ajudaram um amigo a cumprir a mesma meta. Busco sucesso semelhante.

Como todo treinador, o meu era bastante conservador. Especialmente comigo! Que injustiça... hehehe. Colocar como fato consumado a participação na Meia Maratona foi a única maneira de convencimento.

“Já tô inscrito, pode me ajudar a minimizar os problemas?” E o treinador, *que com justiça poderia ser indicado para canonização, fazia o possível. Ou o impossível, com um aluno tão rebelde... Sim, completar dez quilômetros em exatos 50 minutos pouco tempo antes era minha autocredencial para aumentar a distância. A preparação inicial, com foco nos 21 quilômetros, seguia um padrão rigoroso. Tudo que o treinador prescrevia era feito com cuidado. Distância e velocidade realizadas sempre foram maiores, nunca as indicadas. Essa foi a regra. Por favor, não tentem fazer isso em casa! E, se fizerem,* não me responsabilizem!

Chegamos ao dia da corrida. Acordo às 6h30, táxi 7h15 e 7h40 estou em São Conrado. Acabo conhecendo o Marcos, que também era debutante aquele dia. Trocamos motivações. Ele corria em homenagem à filha Beatriz, que tinha apenas alguns meses, após anos de tentativas. Explico detalhes do trajeto, em especial o retorno no Aterro. Compro alguns sachês de carboidrato que havia esquecido e rumamos para a largada. A espera, no aperto, duraria ainda 80 minutos. Pouco antes da largada, tenho que visitar o banheiro químico. Não se tratava de convite, o comparecimento era compulsório. Na volta, vejo uma cena insólita: uma colega corredora resolve aliviar a bexiga ali mesmo... “¿Qué pasa?!” exclama, com surpresa, uma argentina.

Largada! Motivação máxima, completo o 1º quilômetro em rápidos 4:15! Ajusto a velocidade gradativamente, buscando encaixar algo entre 5:00 e 5:30. Em Ipanema, reencontro o Marcos. Trocamos apenas algumas palavras e ele abre distância. Aterro do Flamengo, reta final. O Marcos aparece novamente. “Pela sua Beatriz e pelas minhas filhas Juliana e Letícia”, exclamo! Com as filhas na cabeça, atacamos juntos os últimos quilômetros. Fôlego e pernas em ótimas condições. As passadas seguiam a velocidade imposta pelo coração; acelerado, prestes a escapar pela boca.

Finalizo em exatamente 1h 48min. Aliás, tempos cravados, sem espaço para segundos, parece virar marca registrada... Abraço final no Marcos e cada um segue seu rumo. Com ousadia, competência e alguma cara de pau em relação ao treinador, posso me considerar meio maratonista! Não recomendo seguir minha estratégia intempestiva, mas deu certo! Vencedor, encontro minha esposa, que me aguarda com sachês de carboidrato e barras de proteína.

História protagonizada por Alberto Rogers na sua primeira meia maratona e contada por Alvaro Reis, que acompanhou todos os passos. Um pequeno detalhe: poucos dias antes daquela primeira corrida citada, tivemos um grande desentendimento e a situação era a pior possível. Eu não estava muito feliz no meu papel de babá não remunerada... Ao final, valeu! O protagonista em questão ainda completou a maratona no ano seguinte, com excelente marca sub-4h. Ele não assume, mas tudo indica que se aposentou. Uma pena, sua presença era a garantia de um clima chuvoso, perfeito para a corrida!

A Lenda e Onipresente

Como legítima integrante do Chão do Aterro, ela já corria maratonas quando eu ainda engatinhava. Isso revela a idade, mas deve ser motivo de orgulho. Eu diria que é um elogio, em tom de brincadeira. Estamos falando de Lady Uchoa (leia Ladí), uma lenda das corridas cariocas; nos conhecemos na minha preparação para a maratona de maratonas. Ela foi colega na etapa bioceânica na Cidade do Cabo e instrutora de musculação. Corria os 56 quilômetros da prova perto de completar seus 56 anos. Essa história eu conto depois, agora só apresento a amiga.

Se ela não lhe cumprimentou durante um treino, desculpe-a. Estava concentrada demais na trilha sonora. Seus treinos acontecem no intervalo entre alunos. O que pode acontecer muito cedo ou sob sol forte. Como muito bem definiu um amigo dela, a Lady gosta de provas lentas: longas e/ou com subidas. E de maratonas nos Estados Unidos. De Nova Iorque ao Havaí, com passagem obrigatória pela Flórida. Ah, em 2014 ela completou sua 18° Meia Maratona Internacional do Rio de Janeiro. Sim, a lenda correu todas as edições!

"Você conhece o Mário?" Uma colega jura que testemunhou a cena que relato a seguir: a famosa pergunta que abre o parágrafo foi feita numa reunião de executivos do banco onde ela trabalhava. Então, o chefão rebate: "não! Que Mário?" Pânico na sala. Não prenderam apenas o riso, travaram também a respiração... Se pudessem, acho que até o coração estaria paralisado. Rapidamente, um responde: "Aquele... que era um bom funcionário!" Alívio geral.

Esqueçam o armário, ações atrás ou até eventuais saídas dele. Não se trata disso! O meu amigo pode ser comparado ao Super Mário do videogame, pois está sempre em movimento. Cuidadoso, registra todos os movimentos, passos e pedaladas. Tentou chegar à Lua, ficou satisfeito com voltas pela Terra. Não tão perto de um final de ano típico, comentou que ultrapassara a barreira dos 4 mil quilômetros. Coisa de quem corre rotineiramente 100 quilômetros por semana. Tentei, insisti e perturbei, mas (ainda) não consegui convencê-lo de se aventurar na Comrades.

Antes e/ou depois da corrida, é hora de pedalar. A bicicleta é simples e o ritmo é de passeio, sem pressa. Quer saber se algum amigo seu está treinando, pergunte ao Mário. Ele acompanha as meninas no trote lento, os amigos em treinos longos ou curtos. Grama, asfalto, terra batida. A areia é opção eventual. "Vamos até o aeroporto? Até a Urca?" Sozinho ou em grupo, acelerado ou nem tanto, ele passeia no seu quintal. De tão assíduo, é conhecido de todos. Uma cena curiosa se repete: ao levantar o braço e cumprimentar um colega, outros acabam respondendo. Afinal, o sujeito é um anônimo ilustre, é o Onipresente do Aterro.

O calor degradante do verão carioca, que encurta drasticamente meus treinos e me coloca na natação, ele adora. Como um queniano, quase não é afetado pelo termômetro. Ah, ele se ausenta do Aterro do Flamengo, durante as manhãs, apenas em caso de tempestade. Afinal, não gosta de raios! Se você não encontrou o Mário, seu treino foi muito curto. E provavelmente viu a bicicleta dele estacionada no local de sempre.

Ele é rápido? Sim, maratona na casa de 3h 30min é marca respeitável para qualquer mortal. Especialmente se você tem mais de 60 anos! Não destaco seus resultados. Excelentes, sim, mas assunto irrelevante. Nesse aspecto, mesmo no Chão do Aterro tem membros mais velhos e ainda mais velozes.

Mesmo quando a vida lhe apresenta seu lado mais triste, ele não se abala. No máximo, prolonga sua passagem pelo divã do asfalto. É um "otimista incorrigível", na sua autodefinição. Pela alegria e pela simplicidade, além da extraordinária capacidade atlética, Super Mário, o onipresente do Aterro e Lady, a lenda, são meus exemplos na corrida. Pessoas especiais e apaixonadas pelo esporte.

Relato Corporativo

– Então tá marcado, nos encontramos entre 7h20 e 7h30 na pista do Aterro, na direção do restaurante.

– Certo! Às 7h00 na porta do restaurante!

Era importante o grupo estar mais entrosado na corrida que na marcação do ponto de encontro no dia da prova! Era a Corporate Run 2012, uma corrida em equipes que tem o mote empresarial. Todos os integrantes largam juntos e os tempos são somados. Éramos, em alguma medida, um grupo órfão, depois que a empresa onde trabalhamos cancelou o grupo de corrida e caminhada e dispensou os treinadores. Como no ano anterior, vários funcionários montaram equipes e nós (Alvaro, Alberto e Marco) formamos a nossa. Para completar, Lady, a lenda. Aqui surgiu esse complemento. Todos os amigos já devidamente apresentados.

O Marco, que teve as funções de capitão e de busca e entrega de *kit*, acreditava que num quarteto misto poderíamos conseguir uma boa colocação. Todos nós estamos nos preparando para a distância da maratona. Portanto, velocidade não era prioridade no momento. Nosso capitão foi rebelde e sucumbiu ao espírito da corrida corporativa. Não aprovou o nome "Amigos da Lady" e colocou um sem criatividade: Finep 10. "Tem que ser alguma coisa empresarial", argumentou. Por essa e por ter sido o mais rápido do grupo, ele deve merecer uma promoção extra no fim do ano...

Contra todas as previsões, não houve desencontros. Números de peito e *chips* distribuídos e colocados, concentração na largada. Muitos podem não entender, mas acho provas curtas muito mais desgastantes que as longas. Correr cinco quilômetros na velocidade máxima passa muito rápido. Não dá tempo de olhar para os lados. Com o coração na boca, todos chegam cansados e sem maiores histórias. Sim, fomos rápidos, mas teríamos alguma chance de premiação?! Parecia improvável. Conversando com os vários outros colegas de trabalho, seguimos esperando os resultados. O Alberto e a Lady diziam (e cumpriram!) que correriam mais 15 quilômetros depois da prova... Aquele calor me deixava com preguiça até de voltar para casa... Começa a premiação com a categoria feminina. As duas meninas mais rápidas não estão em equipes mistas, bom para nós! No masculino, a equipe dos fuzileiros navais era barbada. Apenas no sentido do favoritismo, claro. Vencedores com vantagem impressionante!

Anunciam os quartetos mistos. De partida, o locutor informa: "Terceiro lugar, Finep 10!". Estamos no pódio! Com animação, recebemos nosso primeiro troféu. Foi especialmente legal, pois pudemos dividir o momento com vários outros colegas de trabalho. A empresa foi premiada. Ingenuamente, eu achava que, tendo um vascaíno militante no grupo (o Alberto), éramos favoritos a ocupar aquela famosa posição entre o primeiro e o terceiro colocados. Claro que apenas nas nossas brincadeiras. Seria muito legal, mas parecia igualmente improvável. Bom, chegamos ao pódio e o rubro-negro que vos escreve foi o vice da equipe... De quebra, tive que pagar o almoço do Marco, que rompeu a barreira dos vinte minutos.

Relacionamentos na Corrida

Nosso relacionamento começou pela internet. Um clique aqui, outro lá, e aparece a foto. Analiso cuidadosamente o perfil, mas ainda tenho dúvidas. Confesso que me considero antiquado. Esse início virtual me deixou inseguro, ansioso pelo encontro frente a frente. Conhecemo-nos formalmente antes, mas a situação agora era diferente.

Poucos dias depois, tivemos nosso contato pessoal. Os primeiros passos foram dados em um breve passeio pelo Aterro do Flamengo. O relacionamento rapidamente tornou-se muito intenso. Compartilhamos treinos, corridas e viagens. Parceria absoluta, uma relação de muita intimidade. De imediato, senti profundo conforto, proteção. Com tantos fatores positivos, a fidelidade é um caminho natural. Formamos uma boa dupla. Estávamos sempre juntos, como unha e carne. Depois, só carne, quando a unha se despediu do meu dedo.

A narrativa se refere à minha primeira compra de tênis pela internet. Depois, nunca mais entrei em loja, mas sempre repito a marca preferida. A relação do corredor com seu par de tênis nunca deverá ser de "amor à primeira vista". A confiança deve ser conquistada passo a passo, metro a metro. Como em qualquer relação afetiva, não se deixe dominar pela aparência exterior, avalie o que seu lado interior – no caso, o seu pé! – diz dentro do tênis.

O calçado pode ser um grande protetor, um amigo inseparável, ou grande vilão. Tenha cuidado! Não vale necessariamente aquela máxima "a primeira impressão é a que fica". Em termos de relacionamento, esse tem características incomuns. Você está sempre "por cima" e, mesmo depois de maus tratos e muitas pisadas, ele lhe ajuda e lhe empurra para frente. Escolha o tênis com cuidado, o corpo inteiro agradece.

O antigo e o novo

Isso foi em 2012, aquele ano de calendário cheio. Um dos estados brasileiros visitado nas corridas foi o Espírito Santo. A distância é naquela medida pouco brasileira, que usamos apenas para contar pontos acumulados em companhias aéreas. Convertendo, dez milhas = 16 quilômetros (ou quase...). Esse é o tamanho da prova. Alguma coisa entre os tradicionais dez quilômetros e a meia maratona. Falo da famosa corrida dos chocolates. Com trocadilhos, ouço notícias dessa prova desde Garoto. Vamos de Vitória a Vila Velha.

Mais que um evento de corrida, viajei com meu amigo mais antigo e com o mais recente. Conheci o João Paulo ainda no maternal.[6] Naquele momento, somávamos quase 30 anos de amizade e um pouquinho mais de vida. Ele evoluía nas distâncias passo a passo e me convidou para aquela prova. Fechado! O chocolate era apelo adicional. Ele é um daqueles sujeitos que posso passar meses sem falar ou anos de pouco contato e mantemos a intimidade de irmão. Na outra ponta, o Marco era novato na galeria. Então uns meros dois anos de amizade... Levou esposa e filha,

6 Felipe, você é o segundo mais antigo, ok?

ainda visitou a prima, que mora por ali. Não sei qual foi a motivação oficial. No asfalto, muito calor, mais uma ponte. Corri boa parte do trajeto batendo papo com o João Paulo numa velocidade confortável. Embora o Marco tivesse jurado que seria comedido, disparou na frente. Mais do mesmo.

A corrida me apresentou a desconhecidos e renovou relacionamentos. Especialmente para quem não disputa colocações, apenas coleciona medalhas de conclusão, com uns minutos a mais ou a menos, a camaradagem vence da competição.

CAPÍTULO IV

OPERAÇÃO GUMP

Caminhos da São Silvestre: tradições, alterações e surpresas

Spiderman – Ramones

Foi com muita surpresa e com alguma tristeza que recebi a notícia da mudança no percurso da São Silvestre, a mais tradicional corrida de rua do Brasil. "Que droga, acompanho pela TV a subida final desde os tempos de criança e adolescente... Após inúmeros tiros finais ao lado de Paul Tergat, não terei oportunidade com as minhas próprias pernas..." E a alteração já foi fato consumado, sem chances para despedida e participação de emergência ainda este ano... Segundo o que li, foi mera decisão técnica da Companhia de Engenharia de Tráfego da cidade de São Paulo.

Ainda não tinha colocado essa corrida no meu roteiro objetivamente. Confesso uma combinação de preguiça frente à correria imposta pela data do evento com algum medo interior. Tinha um receio sincero de ficar apenas encaixotado entre milhares e não aproveitar o momento. Não se trata de uma oportunidade para marcas pessoais, mas uma etapa indispensável na carreira de qualquer corredor brasileiro, dos profissionais aos amadores. Não queria eventualmente ficar desapontado e quebrar esse mito infanto-juvenil. Acho que não há mais esse risco. Sem a subida da Brigadeiro Luiz Antônio, será mais uma ótima corrida que um dia entrará no meu currículo. Porém sem o fascínio de outros tempos.

Assim começou o meu comentário-desabafo ao saber da novidade. Depois, fiz comparações com a tradicionalíssima Maratona de Boston. Era setembro de 2011. Aquele não seria um fim de ano qualquer. O último dia de 2011 ainda guardava o que eu defino como "autossurpresa". Para contextualizar, gastarei poucas frases com o tema: em dezembro de 2011, meu casamento acabou.

Mesmo indignado com a mudança repentina no percurso, acabo influenciado pela participação do meu chefe e me inscrevo na São Silvestre. O novo estado civil me colocou nas ruas de São Paulo naquele 31 de dezembro. A histórica São Silvestre seria divertida, alegria num momento escasso de coisas boas. Eu iria correr a mais tradicional prova do país! Imagens e vídeos falam mais que todas as palavras. Amigos foram surpreendidos. Eu não sou ovo, mas também estava chocado. Tempos de revolução... Os sintomas eram claros.

Como todos, também tenho meus filmes preferidos. Sim, Forrest Gump é um deles, mas juro que entrou na lista muito antes da minha primeira corrida. Esse assunto será abordado, aguarde. Por ora, o roteiro é outro. Trata-se de uma ótima história, ainda que fora do seleto grupo de favoritas. O filme chama-se O Curioso Caso de Benjamin Button, mas poderia ser de Alvaro Reis. O protagonista nasceu com aparência de idoso e rejuvenesce com o passar dos anos. Na minha versão, a regressão não é física. Vivo processo emocional equivalente. Meu desafio pessoal é aumentar as risadas, não a seriedade. Como digo no videorrelato, "eu precisava provar a mim mesmo que ainda era capaz de brincar como criança. E a São Silvestre era o cenário perfeito.". As imagens do De volta para o Futuro materializam meu sentimento. Não tenho qualquer predileção pelo personagem eleito. Ele apenas combinava com uma foto antiga e permitia o contraste.

A ideia surgiu em março daquele ano, motivado pelo retorno da Corrida da Ponte. Ainda bem que não me empenhei muito na busca da indumentária e só achei opções caras. Seria um provável caso de óbito naquele inferno que justificou o apelido de "Perinfernal" para o falecido trecho final da corrida.[7] Agora eu estava no habitat natural dos fantasiados.

Não seria uma mera "palhaçada" sem testemunhas. Meu companheiro na aventura era simplesmente o meu chefe, Carlos Sartor. Amigo, boa gente, cabeça aberta; eu trabalho em empresa pública etc... Mas, ainda assim, era o meu chefe! Penso estratégias de como contar a novidade. Seria legal aparecer já caracterizado, mas a execução não seria fácil. No final do almoço, a "deixa":

– E aí, Alvaro, já preparou a fantasia?

Piada óbvia...

– Já! – e mostro a máscara.

Ele ficou verdadeiramente surpreso. Parecia incrédulo da seriedade da proposta. Eu também. Planejamento feito, fantasia comprada, plano divulgado. Era hora da execução. Vergonha? O sentimento ia muito além disso. Mas era um caminho sem opção de retorno. Não mantenho a identidade secreta dos heróis de verdade. Minha transformação acontece no ambiente da largada, na própria Avenida Paulista. Encontro colegas da ficção e tiramos fotos juntos. Homem Aranha e a turma do Chaves reunidos, por exemplo. Algumas crianças formam uma pequena fila para guardar uma lembrança em foto. O Sartor se empolga com a brincadeira: "vou tirar com a Fiesp ao fundo, como cenário". Era para acabar com a minha carreira profissional também. Fotos tiradas na largada, mando uma delas para algumas pessoas. Suando e ansioso, tomo água e não encontro lixeira. Viro para o chefe do herói e peço:

– Pode jogar fora pra mim?

– Ué, é corrida. Coloca num cantinho.

– Não posso. Não com essa roupa!

Não gostaria de ser o anti-herói, de destruir imagens infantis. Um simples e mortal corredor pode livrar-se de um copo plástico como quiser, normal. Eu não! O papel deveria ser vivido integralmente.

---

7 Viaduto da Perimetral, demolido parcialmente em 2013.

A máscara era quente e muito desconfortável, mas mantinha alguma privacidade. Anonimato? Acho que não... O que para uma pessoa normal era uma simples brincadeira, para um sujeito que nasceu sério, era uma tentativa de revolução pessoal. Enquanto a maioria amadurece com o tempo, desafio o caminho oposto. Como aprendi depois, na Comrades, subidas e descidas são desafiantes à sua maneira.

Corridas são democráticas, colocam lado a lado (ou quase!) os amadores rápidos ou nem tanto e os campeões. O mesmo evento reúne medalhistas olímpicos e iniciantes. Que outro esporte permite isso? Fazia forte calor na largada, mesmo sob nuvens. A chuva não demora e nos acompanha logo nos primeiros passos... A máquina do tempo funciona a cada instante. Estou pisando cada quilômetro visto e revisto pela TV.

A cada momento alguém se comunica com o Homem Aranha. Pelas reações, descubro que eu tinha um sósia mais adiantado. Éramos ao menos dois! Os pingos inocentes e refrescantes de chuva ganham força. Subimos a Brigadeiro Luiz Antonio sob intenso temporal! Córregos se formavam nas laterais da pista. No topo, dou uma espiada no trajeto anterior, virando à direita, e inicio a dura descida. A máscara é promovida de quente a insuportável, mas se mantém no lugar devido. Apenas levanto um pouco a parte da frente, afinal, não estou no cinema e preciso respirar!

Os colegas juram que deixei o chefe chegar na frente. Não importa se com a máscara e com o temporal eu só tentava concluir aquela coisa. Largada e chegada juntos ao acaso, pois nos separamos logo no início. Um dia intenso. Eu concluí a corrida da infância. Foram apenas 15 quilômetros, mas de transformações dignas de maratonas ou ultras. Uma grande aventura!

Vencido o lamaçal pós-prova, a missão era outra. Celular encharcado, acessar aquelas fotos era questão de vida ou morte. O saco plástico pensado como proteção quase se transformou em aquário, sendo meu telefone o peixinho. Recupero umas, perco outras. A história poderia ser contada. Ufa! A reação de um amigo ao receber a foto é exemplar. Tirem suas conclusões. A mensagem foi curta, apenas “eu estou na foto”.

Era óbvio que eu não estava de camiseta verde, mas mesmo contra as evidências, era a opção mais factível racionalmente. A namorada dele informa que o rei estava nu:

– Camarão, o Alvaro é o homem aranha!

– Tem certeza? Não é possível... A imagem tá pequena, tenho que ver direito...

– Camarão...

Uma maratona de maratonas

Reggae na estrada – Tribo de Jah

Férias significam folga no trabalho ou nos estudos. Período de descanso para muitos, com ou sem viagem. Os meus preparativos aconteceram entre janeiro e fevereiro de 2013. Gosto de aproveitar o período intensamente. Eu queria conhecer lugares diferentes. A jornada começou com uma rápida ida à praia, um mergulho simbólico na nova vida. Não tento escapar, estou resignado, porém não era suficiente. É preciso abraçar as situações e os desafios que a vida nos apresenta, independentemente de desejá-las ou não.

A privação de sono limita nossas habilidades estritamente racionais, o que era conveniente para o momento. Era preciso, novamente, reorganizar o baú emocional. Para isso, desligar – ou ao menos neutralizar momentaneamente – o vizinho racional era tarefa indispensável. O cansaço físico era o caminho para o relaxamento mental.

A viagem reunia dois elementos oportunos para mudanças, especialmente as das emoções: corridas de longa distância e experiências em lugares desconhecidos. A programação final incluía três maratonas e uma ultra (56 quilômetros) além de seis cidades ou países inéditos no meu histórico de viagens. Mais de 30 dias de liberdade, 22 dias para as corridas. Para o corredor de dez quilômetros, pode parecer algo fantástico; para o ultramaratonista, trata-se de uma semana de treinamento leve. O desafio é do tamanho da preparação. E eu estava pronto. Você está convidado para me acompanhar!

A Two Oceans Marathon (Maratona Dois Oceanos), com seus 56 quilômetros visitando dois oceanos, acontece no fim de semana da Páscoa. Era uma boa oportunidade para uma primeira visita à África. O Alberto comentou que a sua professora de musculação já estava inscrita. Assim, conheci a Lenda, já devidamente apresentada. Foi meu primeiro contato com uma sala de musculação. Atividade muito chata, mas que eu tratava como um remédio necessário para a empreitada.

O monstro, esportivo e logístico, foi criado aos poucos, passo a passo. Ainda sobravam muitos dias de férias e eu queria fazer algo grande. Eu tinha milhas disponíveis e não conhecia Santiago, cuja maratona acontecia no domingo anterior à Two Oceans. Seria uma forma de "preparação", mesmo sabendo que estava muito perto da prova principal. Eram 15 dias de férias, três países e dois continentes. Depois da África do Sul, visitaria meu amigo Paulo e família na vizinha Namíbia. Ótimo. E sobravam 15 dias para outro momento. Fechado!

Na internet, completamente ao acaso, descubro uma oportunidade imperdível: passagens de ida e volta Rio–Amsterdã por US$ 799! Alguns amigos se revoltaram com o meu destino. "Alguém como você, que não vai aproveitar nenhum dos atrativos da cidade, deveria ser proibido de entrar em Amsterdã!" O tom era de indignação. Como ouvi a bronca de grupos diferentes, que nem se conheciam, até refleti a respeito. Talvez tivessem razão. Não comentei que andaria de bicicleta, visitaria museus e passearia pelos famosos canais, temi que eventuais atos de violência pudessem atrapalhar minha preparação. Apenas para registro, informo que lá tomei meu primeiro copo de cerveja (sim, na vida! E com mais de 30 anos de idade...). E ainda agreguei mais uma visita ao meu turismo futebolístico conhecendo o Amsterdã Arena, do Ajax.

Como encaixar com os treinos? E na viagem já programada? Aí começa a parte mais divertida: posso correr outras provas! Era uma questão de ajustar o calendário. Sei o período das principais maratonas internacionais de memória. Barcelona e Roma eram opções. A primeira não seria cidade inédita, então foi descartada. Pesquiso e descubro duas opções de maratonas: uma na própria Holanda, que seria ruim do ponto de vista logístico (acreditem, podia ser pior!), e outra na Noruega. Era uma corrida de estrutura pequena, quase informal. Inscrições no próprio dia. Perfeito! Confesso que aquele país nórdico é meu exemplo do que se pode chegar mais perto de uma utopia. A conferir!

As portas abrem e fecham... Literalmente! Segue um momento "filosofando", porém sem corridas. No máximo, um trote acelerando, com mochilas penduradas. Numa conexão de trem em Bruxelas, aprendi uma lição que levarei por toda a vida. Eu estava na capital belga, vindo de Bruges, uma pequena cidade medieval nos arredores. Eu faria uma escala em Paris. De lá, seguiria para Milão, onde passaria o dia, provavelmente visitando estádios de futebol. À noite, seguiria para Roma. Tudo pelos trilhos. Estou na plataforma uma hora antes do meu horário e vejo um trem, com o mesmo destino que o meu, partindo. Tomo posição no mesmo ponto e aguardo. Toda a coleção de passagens, trecho a trecho, foi comprada antes e recebi os bilhetes ainda no Brasil.

Faltando uns cinco minutos para o meu horário, estranho a pouca movimentação e resolvo verificar. Susto! O meu trem estava parado em outro lugar, um pouco distante. Aperto o passo e emendo uma corridinha. Seguindo a numeração, procuro meu vagão correndo pela plataforma. Todas as portas ainda estão abertas e os passageiros entram calmamente. Erro a direção e tenho que retornar. Cheguei! Ufa... Apenas um passo e estarei dentro. Surge um funcionário que permanece parado na porta e aponta para o relógio, indicando o horário. Todas as portas estão abertas e outros passageiros entram em outros vagões. Ao meu lado chegam mais dois apressados. O funcionário obstrui a passagem e então as portas se fecham automaticamente. Eu estou fora! Toda a viagem foi perdida. Acho que nunca fiquei tão furioso! Talvez diante de alguma derrota do Flamengo...

Tento argumentar alguma coisa na bilheteria, mas eles informam que o erro foi meu. Falo das conexões e pergunto quais opções tenho. Nenhuma! A minha passagem era do tipo "não". Não reembolsável, não permitia trocas... O trem seguinte sairia em 20 minutos, mas não haveria tempo suficiente para alcançar os trechos já comprados. Um raro momento de otimismo toma conta e eu gasto meus euros numa nova passagem, atrás do trem perdido. A conexão era improvável. Era muita confiança na minha velocidade de conexão... A alternativa seria conseguir chegar a Milão a tempo de seguir para Roma. Opção bastante factível. Ali eu não poderia comprar novos bilhetes para os trechos seguintes. A minha chance era Dijon, uma pequena cidade ao Sul da França. Aceito.

Aguardo o horário e pulo dentro, junto com a abertura das portas. Bom, como diz o ditado, de onde menos se espera... é que não vem nada mesmo! O relógio estava contra mim. Meu novo transporte atrasa algo como 15 ou 20 minutos. Minhas remotas chances são mortas antes da partida. E perco a conexão seguinte! Estou em Paris e após a batalha para conseguir alguém na empresa de trem que falasse inglês básico, recebo uma hospedagem compensatória. Mudo o modal de transporte: uma companhia aérea de baixo custo me leva a Roma no dia seguinte. Tempos modernos, em que o avião de véspera é muito mais barato que o trem... Gastei um dinheiro extra nos trens, mas convenhamos que um dia de passeio na ensolarada Paris não é exatamente ruim.

Os problemas passarão, ficarão apenas as lições aprendidas. Não se iluda: outros surgirão. Boa vida não é ausência de dificuldades, é não ser dominado por elas. Não perdi o "bonde da história", apenas um trem e vários euros. Um evento ordinário, carregado de simbologia. Quando o trem da sua vida estiver parado ao lado, não dê oportunidade para alguém fechar a porta diante do seu nariz. Mesmo que não seja necessariamente o seu vagão, jogue-se dentro! É mais fácil localizar o assento depois, do que esperar o próximo trem. Acredite, essa lição me custou, somando tudo, quase uns 300 euros em março de 2012.

Todos os caminhos levam a Roma!

A famosa expressão é o slogan da maratona na capital italiana. Correr em Roma é olhar o presente e vivenciar o passado, é passear pela História Antiga. Confesso minha predileção pelos períodos Moderno e Contemporâneo, mas é impossível não ficar impressionado naquela cidade. Largada e chegada ao lado do Coliseu já garantem o espetáculo! Éramos corredores de muitas nacionalidades, falando a mesma língua. Uma grande confraternização.

Passamos por largas avenidas e por becos apertados, visitamos várias áreas da cidade. O começo é lento, incluindo algumas paradas súbitas. Muita gente para pouco espaço! A temperatura era agradável e o dia estava realmente muito bonito. E assim segue a prova. Descobri que a Itália é meu paraíso gastronômico. Qualquer restaurante, por mais simples que seja, oferece no mínimo uma ótima pizza! Muitos combinam pizza, falafel e sorvete. Não preciso de mais nada, pode pedir a comida e a conta! Com tantas calorias a gastar na correria, a comilança se torna especialmente saborosa. Ao ataque!

Vi muita gente mal preparada para a distância da maratona. Se você larga para completar 42,195 quilômetros, deve correr ao menos de 28 a 30 quilômetros sem maiores dificuldades, salvo diante de problemas de contusão. Se o sujeito está caminhando antes de completar 15 quilômetros, faltou muito treino. E não eram poucos nessas condições! Um australiano que conheci viu caminhantes com menos de 30 minutos de prova!

Uma ambulância em alta velocidade no espaço dos corredores significa ou muita irresponsabilidade ou um grave problema à frente. Vi muitos atendimentos. A distância da maratona deve ser respeitada. Ela pode estar ao alcance da maioria dos corredores, mas exige preparação compatível!

Depois de algumas horas, dobramos uma esquina à direita e vejo uma belíssima praça ao fundo. Confesso que, de imediato, não reconheci o lugar. Instantes depois, um corredor italiano, naturalmente com gestos e em alto e bom som, fala ao celular (!) que estava na Piazza di San Pietro! Mesmo com as três ou quatro palavras que sei do idioma, entendi a mensagem! Sim, passávamos pelo Vaticano. Depois, ao lado da Fontana di Trevi, entre tantos outros pontos conhecidos da cidade. Um cartão postal a cada quilômetro!

Não escolha Roma para tentar melhorar sua marca pessoal na maratona. Embora a largada, dividida por tempo comprovado, seja organizada e o número de corredores não seja estratosférico como nas *majors*, definitivamente não é o melhor local para correr rápido. A altimetria é favorável, mas apenas isso não basta. E as pedras que fazem o calçamento de muitas ruas potencializam o impacto nas articulações. Sim, você, maratonista, deve incluir Roma no seu currículo esportivo, mas siga sem pressa. Correr por lá sem admirar a cidade seria perder uma excelente oportunidade de passeio. Chego um pouco antes dos marcadores de ritmo que levavam os balões indicando quatro horas de prova. Por mais dez euros era possível personalizar a bela medalha.

Maratona de Roma: vim, corri e me diverti.

Na terra do bacalhau

Próxima parada, Noruega! Mas com escala pouco convencional, é verdade... Minhas conexões de chegada e saída foram via Riga. Escolha estúpida do ponto de vista logístico, assumo... Provavelmente do ponto de vista econômico também! Consultei apenas as empresas de baixo custo e a opção disponível era Air Baltic, da Letônia. Não tive nem oportunidade de conhecer a ex-república soviética. E no aeroporto, comprei os lanches mais caros da vida! Como observou um amigo, as letras do nome do aeroporto não eram em alfabeto cirílico, ou seja, sem graça...

Na chegada ao destino final, a alfândega local é absolutamente tranquila. Ao me identificar como brasileiro, subitamente me transformei em "suspeito". Nenhum preconceito, deixo claro. Apenas surpresa. Concordo que a minha chegada ali, especialmente de Roma via Riga era pouco usual. Explico a motivação econômica e sigo sem problemas.

Ao chegar à Noruega, entende-se rapidamente porque o país tem os melhores indicadores de desenvolvimento humano do planeta. É verdade, o frio não entra na elaboração do índice, porém as belezas naturais também não foram incluídas. Os noruegueses gostam muito de esporte e são ótimos praticantes. As baixíssimas temperaturas não são suficientes para inibi-los de fazer atividades ao ar livre.

Estou em Bergen, a "porta de entrada" para conhecer os famosos Fiords. A segunda maior cidade da Noruega tem uma população de apenas 250 mil pessoas. Era dia 24 de março e eu tinha completado a maratona de Roma seis dias antes. Como aquela corrida era parte de uma preparação mais ampla, eu deveria ser cauteloso. Seria um longão especial. De exagero, bastava correr a distância da maratona três fins de semana seguidos e depois completar 56 quilômetros na Cidade do Cabo. O desafio continuava na Maratona de Santiago no domingo seguinte, muitos pousos e decolagens depois.

A possibilidade de temperaturas próximas a 0 °C, eventualmente sob chuva, me preocupava. Consultei alguns colegas mais experientes em condições geladas. O jornalista corredor Iuri Totti, do Pulso, me ajudou muito, compartilhando estratégias usadas em Nova Iorque. "Testar o material antes, na rua, é fundamental", ensinou ele. Achar uma roupa para correr no frio não foi tarefa fácil. A frase mais ouvida em várias cidades e países foi "você sabe, é o final da estação..." Como na Noruega a temperatura média era inferior a 10 °C, pensei em argumentar alguma coisa, mas entendi que se tratava da primavera nórdica. Outra frase muito ouvida foi "você tem muita sorte!". Afinal, todos garantem que três dias seguidos de sol não é comum naquela época do ano. Melhor assim!

O evento tem três opções de distância. Além da meia maratona e da maratona, algumas pessoas se propuseram a correr 100 quilômetros aquele dia. É impressionante ver esse pessoal em ação. Alguns deles aparentavam seguramente mais de 60 anos! A inscrição poderia ser feita por e-mail com depósito bancário ou pouco antes da largada mesmo. Coisa simples, quase informal. Não havia camiseta ou qualquer outro brinde. Apenas número do peito e *chip*. Como premiação, não havia medalhas. Recebemos um copo, com o nome da corrida e a distância gravados. Isso mesmo, um copo comum. Eu gosto das tradicionais medalhas, mas achei a novidade bastante original. Não sei se o pessoal dos 100 quilômetros recebeu uma jarra como prêmio, penso que seria coerente!

A largada aconteceu exatamente ao meio-dia. Definitivamente, um horário pouco usual para nossa experiência tropical. Estou acostumado a fugir do calor, não a buscá-lo. Inicio com *pace* abaixo de 5:00 min/km, o que obviamente não era compatível com meu objetivo. Motivado pelas condições climáticas excelentes, passo pelo 10° quilômetro em aproximadamente 50 minutos. Feita a ousadia, ajusto para algo compatível com quatro horas de tempo final. A corrida acontece em um percurso de 10,5 quilômetros. Na volta, conclui-se a meia maratona. Quem correu 42,195 quilômetros fez o circuito duas vezes. Não me perguntem pelos 100 quilômetros, apenas vi alguns guerreiros pelo caminho. A temperatura inicial era de 12 °C, caindo junto com o início da tarde. Na sombra e com algum vento, fazia frio depois das 16h00.

Diante do reduzido número de participantes – palpito que menos de 50 pessoas concluíram a maratona – logo cada corredor segue praticamente sozinho. Especialmente depois dos 21 quilômetros, quando acaba a meia maratona e a corrida para a maioria. A partir do 25º quilômetro, percebo a presença de outro corredor, talvez dez ou 20 metros atrás, mas correndo no meu ritmo. Respiração pesada, parecia se esforçar para manter a velocidade com seus mais de dois metros de altura.

Aquela situação não mudou nos quilômetros seguintes. A partir do 30º quilômetro, corremos lado a lado. Não conversamos. Ele resmungou algumas palavras em norueguês, eu retruquei outras em português e continuamos. Esse sujeito me seguiu por mais de uma hora! Eu me sentia perseguido por um *viking*!

Largada e chegada aconteciam em um simpático estádio olímpico. Foi minha primeira oportunidade de corrida assim e achei ótimo. A partir da marca 35 km, começo a ficar preocupado. "Acelere agora, meu caro, sem problemas. Siga seu rumo, mais rápido ou lento, apenas não tente fazer isso no final." Passei a buscar alguma inspiração para uma situação extrema de necessidade e lembro de algumas chegadas memoráveis. Paul Tergat em Berlim, por exemplo. Em termos de *sprint* final, o etíope Kenenisa Bekele é fantástico... Agora era um duelo. Se eu parava para beber água, ele parava também. Quando eu recomeçava, ele me seguia. "Se ele entrar ao meu lado no estádio, não tem jeito. Será minha final olímpica. Azar do planejamento e das corridas seguintes. Força total!" Decido acelerar antes. Aparentemente eu estava em melhores condições. A ideia era evitar a chegada apertada. Sucesso! Ele tenta acompanhar, porém reduz a velocidade em seguida. Sigo meu rumo sozinho, com tranquilidade, e finalizo em 3h 58min 4s, com resultado oficial informado imediatamente pelo diretor da prova!

Meu colega de prova chega alguns minutos depois e começamos a conversar em inglês. Agradecimentos mútuos pelo estímulo nos momentos duros da prova e alguns comentários gerais.

A minha camiseta de corrida tem a bandeira do Brasil, que foi reconhecida e comentada por muitos. A surpresa aumentava quando eu explicava que aquela pequena corrida era a motivação para estar na cidade aquele dia. Trajeto espetacular e boa organização. Provas pequenas são muito interessantes, recomendo. Conhecer a Noruega foi uma grande experiência. Se você procura uma prova inédita, veja além do lugar-comum das famosas corridas nas grandes cidades. Há surpresas interessantes.

A Etapa Sul-Americana

Quando comento meu roteiro, muitos pensam que se trata de Santiago... de Compostela (Espanha!). Faria sentido, claro! Afinal, quem seria idiota o suficiente para tentar superar o desafio logístico além do esportivo? Eu conhecia o Norte (Atacama) e o Sul (Patagônia) do Chile, mas foi a primeira visita à capital. A explicação de que as semanas foram se encaixando e criando o monstro logístico não convenceu. Parecia declaração de insanidade.

A chegada ao Chile foi muito cansativa. Deixei a Noruega e, depois de uma sequência de muitas subidas e descidas no avião, pousei no Rio. Foi tempo suficiente para trocar roupas sujas por limpas e almoçar com os amigos. À tarde, Santiago via São Paulo. Os primeiros dias foram num quarto compartilhado de albergue. Depois, dividindo com o Marco num hotel. Na primeira parada vejo um anúncio na parede do restaurante: *skydiveandes*. Será??? Era compatível com o momento... Gasto minhas economias extras e aceito o desafio. Pacote completo, salto e vídeo. Era o tipo de brincadeira que perderia completamente a graça sem as provas. Não tenho qualquer treinamento, naturalmente fiz um salto duplo. O documento assinado informava que a aeronave não atendia à legislação chilena de avião. "Ele é meio artesanal", explicou o instrutor. Huuummm... Sabe aquela tranquilidade típica dos ignorantes, que desconhecem completamente os riscos iminentes? Ela me acompanhava antes dos primeiros passos até o avião. Então fiquei apavorado mesmo.

A área era pequena, todos seguiam amontoados. Literalmente não havia espaço para pudores. Um consolo: uma vez no ar, pular parecia mais seguro que pousar com aquela coisa. Abrem a porta. Eu parecia ter um mapa sob os meus pés. O vento era violento e fazia frio. O medo tangencia o pânico. Aquele sentimento de "o que estou fazendo aqui?" passa rápido como um paraquedista que se joga. Respondo: "hoje eu vou voar!" Partimos.

A combinação de velocidade e altitude dificultava a respiração. Era uma descarga de adrenalina sem igual. Rápida, intensa e assustadora. Minutos depois, a maioria deles planando com o paraquedas já aberto, tocamos o solo. Uma boa experiência, mas com seu componente assustador. Em voo, não dá tempo para sentir medo.

Em terra, era final de tarde e eu ainda precisava caçar o meu ônibus na autoestrada. Chego ao ponto junto com a noite. No escuro, sou completamente ignorado pelos motoristas de ônibus. Eu precisava de uma estratégia mais eficiente, arrojada. Pular e gritar não eram suficientes. Finalmente, depois de uma hora e mais sorte, consigo minha condução.

Da rodoviária, tento ligar para o Marco. Eu estava vivo, apenas com atraso de mais de duas horas do limite máximo, mais de três horas depois do realmente previsto. E a minha atividade envolvia riscos maiores que algum passeio urbano mais demorado... Ele já poderia estar procurando algum parente meu numa rede social, pensando no translado do corpo e, o pior, chateado por precisar pagar a conta do hotel sozinho! Sem sucesso. Chego ao hotel e me deparo com um recado. Ele estava na pizzaria ao lado. Otimista, pediu uma pizza grande, pensando em dividir. O sujeito é medroso assumido quando o tema é altura. Em minutos, a animação acaba junto com o apetite ao ouvir as histórias.

Outro dia, véspera da maratona, andando pelas ruas de Santiago, encontramos um grupo de conhecidos dele, que também estava ali para a corrida. "O mais alto chegou quase junto comigo, o baixinho corre muito, fez em menos de três horas!", diria após a prova. Pouco mais de um ano depois, eles seriam meus companheiros de Comrades.

O clima era quente e seco. Dias de muito sol e calor. Nada muito estimulante para uma maratona. Antes da largada, o locutor puxa o tradicional bordão "viva Chile!", gritado pela multidão local, Chi, Chi, Chi, le, le, le! Confesso, emoção inesperada. O entusiasmo era contagiante. Partimos! Driblo alguns cachorros de rua nos primeiros quilômetros e sigo. As largas avenidas terminam em uma leve e longa subida, com sua contrapartida morro abaixo na sequência. Várias bandas – cantando em espanhol ou fazendo *covers* de estrangeiras famosas como Guns and Roses – animam os corredores. Aprovado! Muito apoio pelas ruas. Bombeiros refrescavam os participantes.

Perto da marca de 40 km, um brasileiro me incentiva e acelero forte. Não era uma boa ideia, mas eu corria solto, as pernas pediam mais velocidade. No tiro final, passo dezenas e sou ultrapassado por um que seguia ainda mais rápido. Um espectador alimenta a disputa: "não deixe que te passe!" na versão em espanhol. Mais importante que o resultado na chegada foi a motivação no momento. Acho que recuperei a posição, mas pouco importa. Meu tempo final foi a melhor marca até então! A sequência de provas não estava cansando tanto o corpo. Seria um desperdício me poupar daquele final elétrico.

A primeira vez na África

"Não é que eu passei do limite
Isso pra mim é normal
Não é que eu me sinta bem
Eu posso fazer igual
Não é que eu vou fazer igual
Eu vou fazer pior."

Nem sempre se pode ser Deus – Titãs

O Cabo da Boa Esperança não separa os Oceanos Atlântico e Índico e não é o ponto mais austral do continente africano. Não atualmente... O marco sul-africano é um tal de Cabo Agulhas, distante aproximadamente 250 quilômetros da Cidade do Cabo. Coisa recente, a ciência contradizendo a história. Aprendi em pesquisa prévia, o que foi melhor que o desapontamento com a descoberta já em território sul-africano. Em consequência, a corrida Two Oceans se resume ao Atlântico, o que não tira o brilho do evento. Assim como o "farol do fim do mundo" apresentado aos turistas no Ushuaia não é, de fato, o último. Como viajante, tive desapontamentos. Havia pouco tempo livre disponível e a frente fria que dominou o período inviabilizou a visita à Table Mountain, o Pão de Açúcar deles.

A combinação de mar e montanha faz da Cidade do Cabo um ambiente familiar para os cariocas. As profundas desigualdades sociais – muito maiores lá! – também são conhecidas. Excelente prestação de serviços, destacada até pelo Luís Cláudio, guia e dono da agência de turismo. Era minha primeira viagem com excursão. De início, achei um pouco estranho, confesso. Principalmente pelo contraste com a primeira etapa solitária. Tendo a corrida como tema afim, acabo me entrosando com alguns companheiros de asfalto. O professor Manuel Lago levou muitos alunos. O sujeito se destaca nas corridas em trilhas, especialmente nas de longa distância. Entenda como "longa distância" provas de mais de 100 quilômetros! Vários alunos literalmente seguem seus passos, ainda que não na mesma velocidade...

Na primeira noite, sob a bela Lua cheia, caminho pelos arredores do hotel. Estou em um bom bairro, um pouco afastado do centro. Os pés na África, mesmo naquela cidade que não representa o continente. Foram muitas novidades em poucos dias. Em breve, eu superaria a barreira da maratona. A curiosidade era maior que a apreensão. Eu estava muito bem preparado.

Fazia frio quando nos acomodamos na área de largada. O ritual é emocionante: Shosholoza, hino nacional e tiro. A trilha de Carruagens de Fogo anima os primeiros passos. Assim, no escuro, iniciamos a caminhada até a linha inicial. A chuva nos acompanha logo no começo. Palpito temperatura abaixo de 15 °C. Seco seria perfeito, molhado e com vento era desconfortável. Conheço algumas novidades alimentares: refrigerantes, pequenos lanches e... sorvete! O sabor era péssimo, mas a novidade agradou. As batatas assadas eu perdi, eram oferecidas em apenas um posto de apoio.

Os sul-africanos adotam uma estratégia que considero péssima: caminham na maioria das subidas e correm rápido nas descidas. Poupam o fôlego e maltratam as pernas. Eu ultrapassava muitos deles morro acima, ia para o canto da pista para escapar de uma quase avalanche humana nas descidas. A participação do público é fantástica, estimulante. E destaco que não estou no grupo dos carentes que reclama da falta de apoio no Rio.

O percurso tem longas subidas, incluindo um trecho semelhante à carioca Avenida Niemeyer. A Cidade do Cabo repete a combinação praias e montanhas. No topo de uma delas, começa o caminho de descida. Faltam uns 10 quilômetros, a marca da maratona não estava tão longe. Aproveito cada quilômetro e continuo o passeio.

As últimas centenas de metros e a linha final estão num gramado. Belíssimo em condições normais, muita lama e riscos de queda naquele dia. Passo com bastante cautela e igual alegria. Estava radiante. Meu troféu foi a lembrança daquela chegada eternizada na melhor de todas as minhas fotos de corrida, registrada nos últimos passos.

Senti intensas dores no quadril. A caminhada da tenda internacional até o transporte de volta – curtinha! – foi duríssima. Temi pelo dia seguinte, mas eu era um dos que caminhava com mais desenvoltura. Tanto que até fui alvo de piadinhas de alguns colegas, algo como "ué, poderia ter feito bem mais forte, hein!".

A agência de viagens oferecia passeios opcionais. Como não sou exatamente um conhecedor de bebidas, dispensei a visita às vinícolas locais. Sobrou o mergulho com os tubarões brancos. Feito! Longas horas de carro, outras tantas vomitando no barco. Nos poucos minutos que passei na água, estive a poucos centímetros do bicho! Foram dias intensos. Ainda fiz um safári na Namíbia e visitei um amigo e família que moravam por lá. Grandes histórias. A maior consequência foi a quase decisão de fazer a Comrades no ano seguinte. A semente estava plantada.

Não tenho o hábito de me barbear durante viagens. Isso nunca teve muito impacto, pois em trinta dias fico tão barbudo quanto outros em um terço do tempo. De volta em casa, resolvi manter o visual por tempo indeterminado. Eu me sentia ainda em viagem! E assim, a mudança foi definitiva. O desafio acabou batizado pelos amigos como Operação Gump.

Eu conheço um lugar

A Namíbia tem inúmeros atrativos naturais. Destacam-se a Costa dos Esqueletos, os desertos e o Parque Nacional Etosha. Relato o último. Quem acompanhou os desafios transatlânticos de Amyr Klink – remados em Cem Dias Entre Céu e Mar – talvez lembre que o brasileiro partiu da Namíbia.

A organização e a limpeza da capital motivaram uma famosa gafe internacional do Presidente Lula. Em visita ao país, em novembro de 2003, disse em discurso: "Quem chega em Windhoek não parece que está em um país africano. Poucas cidades do mundo são tão limpas, tão bonitas arquitetonicamente e tem um povo tão extraordinário como tem essa cidade".[8] Valeu a sinceridade... A recíproca não vale para as maiores cidades brasileiras.

Safáris têm opções para todos os bolsos e gostos. Agradam magnatas, casais em lua de mel e mochileiros. Mudam apenas as acomodações e o cardápio. De resto, são horas e horas rodando em busca dos bichos. A opção mais tradicional dura três dias, sendo a primeira manhã e a última tarde os períodos usados para deslocamento.

A cada curva, atrás de cada moita, uma surpresa em potencial. Não há roteiro nem garantias. O inesperado da natureza motiva muito mais que a prisão de um zoológico ou a previsibilidade de uma pequena reserva. Sou crítico ferrenho das jaulas. As pequenas reservas são boas oportunidades, já fui e gostei. Pessoalmente, prefiro o mar à piscina! Entendeu?!

---

8 Terceiro Mundo. Presidente comete gafe e causa constrangimento na Namíbia. Lula diz que cidade, 'limpa e bonita", nem parece da África. *Folha de S. Paulo*, São Paulo, 8 nov. 2003. Disponível em: <http://www1.folha.uol.com.br/fsp/ brasil/fc0811200302.htm>. Acesso em: 11 maio 2015.

Estamos em território alheio. Não diria selvagem exatamente, mas ali, simplesmente não nos sentimos no topo da cadeia alimentar! Os animais convivem com carros e turistas, não despertamos qualquer curiosidade. Eles parecem posar para os *flashes*! Somos desprezados pelos elefantes, que seguem com indiferença. Os demais podem modificar ligeiramente o rumo, sem medo. Muitos visitantes usam carros particulares. Sugiro a opção coletiva. A experiência dos guias – e a comunicação entre eles via rádio! – aumentam as chances de sucesso.

Para um amigo que comparava acampar num ambiente assim a ser um biscoito dentro de um pacote, à espera do devorador, esclareço: grades ou cercas apenas protegem os locais de pernoite. As refeições foram simples e saborosas. Servidas à beira da estrada, no trajeto de ida e volta entre Windhoek e o Etosha, ou no acampamento.

Não vi os felinos naquela oportunidade. Acho que os leões se esconderam de mim... E os leopardos são muito raros mesmo. Havia dezenas de zebras, girafas e elefantes. Voltei plenamente satisfeito, o passeio foi memorável. Com muitos ou poucos animais, a paisagem é exuberante. Eu estava na savana que conheci pelos documentários!

E 2012 passou rápido...

O calendário de 2012 foi longo. Maior que o desafio esportivo e logístico recém- narrado. Corri e melhorei meu tempo em todas as distâncias usuais. Rompi barreiras que considerava quase impensáveis nos cinco quilômetros e na maratona. Conquistei um grande objetivo nos dez quilômetros. Vejamos.

Naquela manhã de 17 de junho, em Florianópolis, fiz meu então melhor tempo na meia maratona. Viajei em busca de um recorde pessoal na distância. A marca a ser superada era "antiga", de setembro de 2010, a primeira vitória sobre o Marco, e sem oportunidades para quebra desde então. Agora estava muito mais treinado, mais resistente e mais rápido. Melhorar não era o desafio. Seria uma consequência natural.

A prova se apresenta da seguinte forma: "rápida como Berlim, fria como Nova York, plana como Chicago e bonita como Floripa". Mesmo sem ter participado das corridas internacionais citadas, posso assegurar que a catarinense cumpre o prometido. O dia nublado – perfeito para corrida! – não destacou as belezas locais, mas quem estava lá para correr não podia reclamar.

Em busca da tarifa mais barata, comprei a passagem de volta com embarque a partir das 10h20. Alguns dias antes da viagem descubro que o albergue reservado é longe da largada e do aeroporto. Teria que acordar ainda mais cedo e o banho pós-prova seria em casa mesmo... Depois da escala em São Paulo. O *check in* feito previamente me garantia mais alguns minutos.

"Largada às 7h00, chego ao final antes de 8h45. Ah, tenho bastante tempo!" A novidade que descobri momentos antes do início foi que a hora marcada era, na verdade, 7h30. Erro meu! Bom, o recorde pessoal precisava ser pulverizado, agora era uma necessidade. Isso que eu chamo de pressão! Todos alinhados na largada. Poucos instantes antes do horário, o locutor informa um atraso de 15 minutos. A situação estava ficando mais interessante. Crítica, eu diria. Necessidade combinada com condições climáticas e de percurso favoráveis. "É hoje!" Saio bastante acelerado. Sabe, como quem corre para não perder o voo... Depois de alguns quilômetros, "lembro" que não era um tiro de um quilômetro ou uma prova de cinco quilômetros. "Se eu 'quebrar' será um problema maior ainda..." Ajusto a velocidade e sigo.

Finalizo com um *pace* (min/km) melhor que o do meu então recorde nos dez quilômetros! Ao sair do avião, já no Rio, recebo no celular uma mensagem da organização da prova informando 1h 33min 59s de tempo total! Missão cumprida. Depois, ao verificar o resultado oficial no site, leio 1h 34 min 00s. Qualquer corredor sabe que um segundo é precioso, especialmente se altera os minutos do tempo final. Sem problemas, aceito o tempo corrigido. Afinal, tive uma melhora excelente.

O relato anterior me colocou na meia maratona mais rápida do Rio, através de mais uma nova promoção do Pulso. Depois informam que o mais rápido entre os premiados na etapa carioca receberia passagens e inscrição para correr em Brasília, o melhor percurso daquele circuito de corridas. Eu sabia que tinha ao menos um concorrente duríssimo: Marco

Barcelos! Sim, ele também ganhou a mesma promoção e parecia imbatível no momento. Estava muito mais rápido. Eu disse que o acompanharia no Planalto Central, afinal nossa capital fica vazia e barata nos fins de semana. Resultado? Fui mais rápido que em Floripa e mais lento que o meu concorrente direto. Terminada a prova, comprei as passagens para melhorar o meu tempo.

Quando escrevo esse texto, a marca brasiliense de 1h 28 min 35s permanece como a mais rápida. O Marco se aproximou em algumas oportunidades, mas perto não é o suficiente, infelizmente (para ele!). Longas e largas retas, generosos trechos em declive. Em 2012, eu tinha um foguete nas pernas!

Doping Climático

A Associação Internacional de Federações de Atletismo (IAAF, em inglês) tem regras claras para a homologação das melhores marcas em maratonas. São basicamente duas: (1) largada e chegada não podem ficar muito distante uma da outra; (2) não é permitida diferença acentuada de altimetria no percurso. A regra tem bons fundamentos. Inibe vantagens com o vento e impede um circuito predominantemente em descidas.

No Rio, uma quebra de recorde não seria oficializada no circuito onde corremos. A centenária maratona de Boston também não respeita os critérios. Lá, a altimetria é de subida. Em 2011, o vento levou o vencedor a fazer a melhor marca de todos os tempos, 2h 3min 02s. Não virou recorde mundial. Na expressão local, o vento na direção certa pode deixar a temida Heartbreak Hill "plana".

Naquele domingo, ventou forte na orla carioca. Ter condições tão favoráveis em uma maratona é raríssimo. Uma oportunidade que deve ser aproveitada da melhor maneira: acelerando o máximo possível. Chuva em alguns momentos, poças e alagamentos em muitos trechos. Não era exatamente confortável, mas ajudava a correr rápido. Nos últimos quilômetros, não tentei aumentar muito a velocidade. Mantive o ritmo já rápido. É preciso respeitar a distância da maratona. Arriscar nessa quilometragem não é como exagerar em provas até 21 quilômetros. Em distâncias menores, uma "quebra" significa eventual redução de velocidade. Os 42,195 quilômetros punem até mesmo experientes atletas profissionais, que podem ser obrigados a caminhar. Não queria o risco. Ao menos não naquele dia. Acelerei para valer apenas nos 200 metros finais, quando o público incentivava muito e eventualmente gritava o meu nome, impresso no número de peito.

Não sou tão rigoroso quanto a IAAF. Tenho um novo recorde pessoal e ponto final! Sim, alguns minutos a menos foram graças ao vento. Estava preparado para tentar superar a barreira das três horas e meia. A diferença para as 3h 22min 11s que registrei, atribuo ao clima propício e à ajuda em forma de empurrão que recebemos. Melhorei meu melhor tempo em 23 minutos e 33 segundos! Com algum *doping* climático e com muito esforço. Um feito que deve se manter como referência por muitos meses ou anos.

(Rio, 08/07/2012)

10 x 42.195 m

Para se proclamar "maratonista", basta completar a distância ao menos uma vez. Minha iniciação foi dolorosa e muito comemorada, ainda em maio de 2010, você acompanhou. Fiquei muito feliz, entretanto ainda não me sentia parte daquele grupo. A minha ideia era simples: eu me assumiria "maratonista pleno" depois de dez anos correndo ou de completar dez maratonas. O que acontecesse primeiro! A atividade deveria estar profundamente ligada à minha vida, não poderia ser um desafio pontual e passageiro. Numa conta razoável de uma prova ao ano, as duas condições poderiam ser simultâneas.

Em 2011, completei três maratonas, totalizando quatro até então. O mundo deu voltas, a minha vida também. Em 2012, a corrida foi promovida da categoria de *hobby* e ganhou *status* de atividade prioritária. Que meu chefe não leia isso! Bom, mesmo que algum colega me "denuncie", acho que não será grande surpresa para ele...

No dia 30 de setembro, completei minha 10ª maratona. O objetivo de longo prazo, a concluir provavelmente depois de cinco ou seis anos, foi atingido em 28 meses!!! Aconteceu na belíssima Foz do Iguaçu, entre a Usina de Itaipú e o Parque das Cataratas. Foi a 6ª vez na distância em 2012. Um conselho prudente, racional, seria dizer: "não recomendo que você faça tantas maratonas em sequência!". Mas não seria verdadeiro. Todas as corridas foram experiências fantásticas, cada uma com a sua história. Cada maratona é um capítulo especial na minha história de corredor. Ah, nenhum treinador foi irresponsável o suficiente para me orientar nessa empreitada. A ausência de contusões também demonstra que equilibrei razão, emoção e muito treino.

Fiz boas amizades em Foz do Iguaçu. Ainda no desembarque, no aeroporto, conheci o simpático Souza e o competitivo Zacarioto, vencedor na categoria acima de 70 anos. Por conta de uma contusão que o impediu de treinar bem, teve queda no rendimento e não conseguiu fechar sub-3h30 (!). Mas manteve o título com sobras!

Frio, vento e chuva ocasional na véspera. Os roncos no quarto compartilhado no albergue facilitaram a tarefa de levantar às 4h30. A Lua ainda se exibia alto no céu quando entramos no ônibus, rumo à largada. Sem menosprezar os momentos finais, gosto muito da partida. Da expectativa, dos primeiros passos, da sensação de estar pronto para o desafio. Chegamos ao final com a missão cumprida. Iniciamos com a página em branco, com a história a construir. Era um dia muito especial. Além do simbolismo da marca de dois dígitos, encontrei e tirei uma foto com Vanderlei Cordeiro de Lima!

Pernas e espírito preparados, alinhados na linha de largada. Como aconteceu na minha primeira corrida de rua, meu pulso não exibia um relógio. Gostei muito da "estratégia" e penso em adotar como rotina, ao menos para maratonas! Tempo final sub-4h era uma referência razoável. As subidas e descidas eram constantes e eu não buscava o esforço máximo.

O número total de participantes é baixo, mas a generosa premiação nas categorias de idade e a altimetria selecionam o grupo. Não é uma prova recomendada para estreias, por exemplo. E para quem acha expressiva a minha marca de dez maratonas, conheci alguns com mais de 60 anos de idade e quantidade ainda maior de maratonas concluídas.

Largamos ao lado do vertedouro da hidrelétrica. Passamos pelo centro da cidade e seguimos o caminho do aeroporto, rumo às famosas cataratas. Na prova, conheci o Diogo "Norris", que corria com a foto do famoso Chuck como motivação. A estrutura da prova é impecável, padrão sul-africano. Ou seja: comida, água, isotônico e refrigerante (!), incentivo... Banheiro químico quase a cada três quilômetros! Conheço um tal de Marco Barcelos que ia se esbaldar! Na alimentação... Os 11 quilômetros finais são dentro do parque, com suaves subidas e descidas. A chegada é ao lado do famoso cartão-postal, que dispensa apresentações e comentários.

Agradeço aos meus camaradas de Chão do Aterro: Lourenço, Denise e Ranulfo, parceiros nessa empreitada. "Uma maratona para quem gosta de maratona!" na perfeita definição do Lourenço. Todos se surpreendem quando digo que, excluída a "emoção de debutante" da primeira conquista dos 42,195 quilômetros, a de Foz do Iguaçu tornou-se, de imediato, a predileta. Fiz simultaneamente um belíssimo passeio e um ótimo treino.

(Foz do Iguaçu, 30/09/2012)

Lições curitibanas

A Maratona de Curitiba é uma das mais difíceis do Brasil. Disputa o título com a irmã paranaense Foz do Iguaçu. São subidas e descidas constantes, forçando músculos, tendões, articulações, fôlego e motivação. A prova tem muitos corredores rápidos, mesmo com a altimetria desfavorável. Era o tradicional ponto de encontro da elite amadora nacional, em função da generosa premiação em dinheiro para as primeiras colocações nas diversas categorias de idade. Ouvi que isso mudou com a troca na empresa organizadora do evento, mas para o meu nível apenas "esforçado", não faz diferença.

Tentar recordes pessoais em Curitiba não é uma boa ideia. Para ser sincero, não é inteligente. Mas foi o que fiz. A estratégia era simples: aproveitar o frio das primeiras horas do dia e acelerar. Depois vejo o que sobrou. Risco assumido. Passo na marca de dez quilômetros em exatos

44 minutos. Estupidamente rápido para a minha capacidade. Completo a meia maratona em 1h 35 min. Meses antes, meu recorde na distância era muito próximo disso.

Perto do km 31, tive um pequeno incidente no abastecimento. Ao tentar pegar rapidamente a água, errei e o copo caiu. O cidadão do atendimento soltou um palavrão (!) e eu resolvi seguir adiante sem me hidratar. Cruzo o km 32 com boas chances de pulverizar o meu recorde, obtido em condições ideais, quando a ventania que chamei de "*doping* climático" empurrou os corredores pela orla carioca na maratona de 2012.

Paradoxalmente, a sede foi a gota d'água para o início dos problemas. Na sequência, minha velocidade cai drasticamente. A quebra do dia não seria de recorde, mas de corredor! Faz parte do jogo, acontece até com quenianos... E eu tinha ousado muito, desprezado uma regra básica em corridas: respeitar as ladeiras. Quando estamos no limite, o menor erro tem consequências. No 38° quilômetro começam as cãibras. Ótimo, uma experiência completa! Sigo correndo lentamente, com *pace* perto de 6:30. Era um quebrado assumido, sem disfarces. Tudo ainda sob controle, no trote desavergonhado. De volta ao primeiro objetivo quando se está na largada de uma maratona: completar o desafio. Se possível, sem paradas ou caminhadas. Só parei para caprichar na hidratação, o que era o correto no momento.

Perto da marca de 39 km, subitamente reconheço os arredores. Passo a 50 metros do hotel onde estou hospedado! Como não era uma opção valida, tento apenas rir da situação. Sigo até o final sem sustos. Mesmo com toda a dificuldade, fui apenas 29 segundos mais lento que a minha melhor marca!

Agradeço à senhora da massagem pós-prova – pela história de colonização do Paraná, palpito de origem japonesa – que reconstruiu minhas pernas ao melhor estilo Sr. Miyagi, do Karatê Kid. Não imaginava andar quase naturalmente ainda naquela mesma tarde. Tenho certeza de que algumas daquelas técnicas utilizadas já foram métodos de tortura em algum momento pré-Revolução Meiji.

Completar os 42.195 metros é sempre especial. Com desempenho pior ou melhor, é sempre motivo de alegria. "Nem Chuck Norris correu a maratona", informava uma faixa no trajeto. Tentei caprichar no sorriso ao final, mas definitivamente já tive chegadas melhores. Uma grande experiência, numa corrida muito dura. Penso que fiz um bom trabalho.

(Curitiba, 18/11/2012)

Um passo após o outro... Surpresa!

No dia 9 de dezembro, completei minha corrida de número 49, a 22ª no ano. Corri em trilhas, areia e asfalto, de cinco a 56 quilômetros. A ideia era fazer um balanço geral, uma retrospectiva do ano, mas uma grande surpresa mudou o roteiro. Era para ser mais uma corrida de dez quilômetros no Aterro do Flamengo. Mais do mesmo (a 12ª na distância), essa com o nobre tema de doação de medula e luta contra o câncer. Tudo foi diferente.

Meu plano era tentar superar a barreira de 40 minutos nos dez quilômetros. Uma grande ousadia, pois venci a luta contra os 45 minutos há poucos meses. O calor atrapalhou meus últimos treinos e a verdade é que eu não estava pronto para correr tão rápido. Largada! Um grupo de uns dez ou 15 logo dispara na frente. Mais lento, sigo perto do meu limite, com o coração na boca desde o primeiro quilômetro. Uso um cronômetro simples e começo a suspeitar que as placas que mostram a marcação da distância podem não estar no lugar exato. Não importa, sigo forte e ultrapasso alguns pelo caminho.

Passo na metade da prova com 20min 15s. Bem, manter esse ritmo seria sofrido, aumentar, impossível. O sub-40 fica para um momento futuro, talvez distante. Os líderes seguem muito à frente. Corro absolutamente sozinho depois do 6º quilômetro, a outra distância da prova. O único contato é com o pessoal da organização, que entrega água e incentivos: "vamos lá!" Já vou... Tô realmente cansado... Estava nublado, mas o calor era intenso.

A chegada foi no mesmo ponto da Maratona do Rio. "Já cheguei aqui em condições piores, agora não pode ser tão difícil..." penso antes do quilômetro final. Uma leve curva, e um sujeito de moto, da organização, me cumprimenta e incentiva: "Boa prova. Vamos!". Agora foi literal, ele seguia ao meu lado. Não tinha condições de elaborar muitas perguntas naquele momento, mas acho que a minha cara de espanto era evidente. Ele explica: "você é o terceiro!" Minha respiração acelerada não permite verbalizar nada. Com algum esforço, consigo pensar: "Eu? Sou o terceiro?" Não estamos falando de categorias ou faixas de idade. Vejo a chegada e tem uma faixa me esperando, como na TV!

Acelero o possível. Acredite, eu tinha uma motivação extra! O sorriso pedido pelo locutor da prova ficou para os minutos seguintes. Naquele exato momento, meu melhor era fazer muita força. Mesmo que com caretas, como ensinou o campeão Emil Zatopek.

Sim, eu sei que aconteceram três corridas simultâneas na cidade, dividindo o público. E eu participei da menos prestigiada. Mesmo não tendo marcas para me destacar nem entre amadores esforçados, foi muito legal ter meu momento de "corredor de elite", meus 500 metros de fama. Uma grande surpresa! Era o fechamento de um ano intenso.

(Rio, 09/12/2012)

Caixinha de surpresas

A expressão não se limita ao futebol, onde é sempre utilizada. Prefiro a versão Forrest Gump: "a vida é como uma caixa de chocolates.". No mundo padronizado de hoje, os chocolates são previsíveis, mas a vida ainda guarda suas surpresas. Boas ou ruins.

Em setembro de 2012, teve início o chamado "*doping* psicológico". A fonte de estímulo tinha nome e sobrenome. E corria uma maratona como poucas meninas amadoras conseguem. A dupla se transformou em casal antes da primeira prova compartilhada. Os outros atribuem a ela poderes motivacionais extraordinários. Eu treinando duro, e o mérito é dela? Francamente... O fato é que melhorei muito em todas as distâncias. O *pace* de 4:30 passou de meta de longo prazo, quase inatingível, a lugar comum. Ou quase... Ainda me surpreendo com a evolução conquistada.

Passada aquela maratona de São Paulo, em abril de 2011, o mundo deu voltas. Muitas. Eu já estava completamente tonto... Foram literalmente mais de 400 voltas do planeta no próprio eixo. Minha vida girou mais do que graus, acho que eu estava em outro plano. Aquele recorte de jornal plastificado me empurrava pelo asfalto e, principalmente, nas palavras. Eu me dedicava ao meu site contando histórias. Em breve, não veria aquela foto no jornal com os mesmos olhos. Outra corrida, outra realidade. Mudaram as condições e as relações. Agora, aquela magrinha que parecia meio marrenta, que eu conheci entre os vencedores da promoção para a maratona em São Paulo, corria ao meu lado. A vida sabe surpreender. E Bruna Zolini também.

Na maratona do Rio de 2012, narrada no *doping* psicológico, o encontro aconteceu assim:

– Olha a sua amiga ali na frente – diz o Marco, perto do 7º quilômetro.

– Não é minha amiga, só uma conhecida. E corre mais que a gente. Melhor diminuir...

– Hoje estamos mais rápido que ela, vamos passar "de passagem".

– Vai dar merda...

Aquela ultrapassagem me deixou inseguro. Eu estaria mesmo preparado? Pouco mais de um ano antes, ela parecia uma lenda, agora eu estava realmente mais rápido. Foi interessante ouvir a outra versão. Tempos depois, a Bruna confidenciou que ficou surpresa com a minha ultrapassagem e pensou "estou mesmo num dia ruim...". Era justo, eu não poderia reclamar. Ela completou com "ou o Alvaro melhorou muito", que me pareceu pouco sincero e não convenceu.

"Corra com o coração (na boca!)"

Recebi essa recomendação via mensagem de texto no celular na véspera de uma corrida de cinco quilômetros. Era o incentivo da namorada. A primeira parte era uma referência ao livro O Ultramaratonista, de Dean Karnazes, onde o americano relatou seus momentos de garoto no *off road* e as recomendações do treinador da escola. Falava do lado emocional do corredor. Trata-se de uma expressão muito usada no meio da corrida. Karnazes foi apenas mais um usuário. Duvido que ela tenha pensado no livro. O complemento era uma piada mesmo, zombando do sofrimento e do esforço cardiovascular das curtas distâncias percorridas em velocidade máxima.

"Ah, se você saiu de casa pra correr apenas cinco quilômetros, era bom melhorar seu tempo mesmo", foi o que ouvi depois de comentar minha façanha de melhorar minha marca pessoal em quase dois minutos, 35 minutos em poucos meses, sem treinamento específico. "Eu não tinha dúvidas", afirmou ela com uma segurança desconcertante... Como o sujeito que correu e transpirou, posso afirmar que estava confiante na quebra da marca pessoal, porém o resultado foi surpreendente. A prova era muito bem organizada e o nível era de elite (pódio sub-15 minutos e o Frank Caldeira não venceu!), mas se me falassem que a distância corrida era menor eu acreditava.

(Rio, 14/10/2012)

Pontes e conexões

Viva la vida – Coldplay

A Corrida da Ponte fez muito sucesso entre os corredores. Era a reedição de uma tradicional prova, um cenário belíssimo e inédito para a maioria. Nesse retorno aconteceram três edições. O relógio e o despertador do celular tocam simultaneamente, marcando 5h00. A logística até a largada não seria trivial nem rápida, era preciso sair cedo. Como algumas bananas e levo outras para o caminho. Às vezes, acordamos achando que teremos um dia comum, ordinário, e ele se torna especial. Outras vezes, já sabemos que será uma data extraordinária. Esse dia 17 de abril seria do segundo tipo. Entre março de 2000 e dezembro de 2006, fiz graduação e mestrado em Niterói. Muitas idas e vindas de barca, ônibus, van e, no final, de carro. Nenhuma seria igual a essa. Saio de casa exatamente uma hora depois, já com os primeiros raios do dia. Minha roupa de corrida contrastava com as ruas de Copacabana naquele horário. Um desajuste. Caminho até o ponto de ônibus, que demora um pouco a passar.

Chegam um senhor e uma mulher, com trajes semelhantes ao meu. Entramos na primeira van que passou, afinal a fila nas barcas prometia ser longa. Imagino que o primeiro dígito da idade dele seja no mínimo 7. Ou quase. Eram de Minas Gerais e conversamos sobre a Volta da Pampulha. O cidadão aparentava forma extraordinária. Em resumo, impressionante. Esse tipo de história faz toda a graça de participar desses eventos. Ao chegar à Praça XV, muita gente, fila – surpreendentemente rápida e organizada – e me separo dos meus colegas de esporte. Confesso que duvidei que os poucos horários de transporte fossem suficientes. Uma travessia diferente, repleta de atletas. E agora não era para uma aula de cálculo no Valonguinho.

Pontualmente às 8h00, iniciamos os primeiros passos. "Em alguns minutos, estarei correndo na Ponte!" Há um ano, não sabia que era possível, agora estava a algumas centenas de metros. Passamos pela praça do pedágio com as naturais brincadeiras dos colegas: "separa o troco" ou "cuidado com o radar". Esperava o tradicional forte vento lateral. Nada. Nem uma leve brisa pra amenizar o calor. Eu estava bem preparado para correr 21 quilômetros.

Nessa fase de preparação para correr a Maratona do Rio, em julho, recentemente tinha feito treinos mais longos que a distância da meia, sem maiores problemas. Pego água em todos os postos de abastecimento, bebo e molho a cabeça. Sigo fielmente todas as recomendações de corrida sob essas condições. A subida do vão central não se revelou tão assustadora. Começo de prova, calor ainda só aumentando. Não buscava grandes marcas pessoais, queria apenas aproveitar o trajeto inovador. Sigo um ritmo confortável, próximo de 5:15 min/km. Do alto da ponte, cenário conhecido, mas experiência única. Dia espetacular. De paisagem e de experiência.

Bom, ainda não estou nem na metade, de volta "ao trabalho". Alguns iniciam passos de caminhada ao meu redor, ainda na descida. A situação iria piorar dramaticamente no Viaduto da Perimetral, trecho final da corrida. Agora, muitos caminham. "Xiii, a coisa tá feia mesmo, melhor eu ir com calma." Um colega à frente parece estar em sérios apuros, apoiado na mureta. Outros ajudam e o retiram da beirada. Aproximo e vejo que a situação era crítica. Espero um pouco, e a ambulância chega rapidamente. Percebo que não era uma experiência isolada, o calor fortíssimo certamente foi um grande desafio e derrubou muitos colegas, mesmo gente bem treinada. Até o paraquedista veterano que vi na largada parece cansado, mas ainda corre. Só lembro de situação semelhante na Volta da Pampulha, ano passado, quando contei 15 saídas de ambulância.

Ainda faltam alguns quilômetros. E como dizem os alpinistas, a atividade só acaba quando se chega de volta ao acampamento. O cume é só metade do trajeto. Aumento a velocidade, mas o calor cobra seu preço. O tiro final foi mais fraco que o desejado. Pouco importa, hoje corri na Ponte! Agora posso acrescentar mais um "modal de transporte" no meu trajeto Niterói–Rio. Será que um dia volto nadando? Hahaha.

Na edição de 2012 aconteceu uma surpresa desagradável. Não sei justificar... Apressado, busquei meu *kit*, faltou atenção. À noite, em casa, nos preparativos para o dia seguinte de corrida, verifiquei que o número do peito não estava comigo. Era tarde, não havia o que fazer. Nunca fui "pipoqueiro"[9] e aquela corrida é a única muito rigorosa contra essa prática. Perdi a medalha, a travessia e a explicação.

Agora, 2013! Eram 50 medalhas e uma ponte. A corrida é um esporte repleto de números. Horas, minutos e segundos, com as respectivas frações. Quantidade de pessoas. Metros e quilômetros... a correr e concluídos. Meu quarto é bagunçado, minha mesa no trabalho também, mas minha lista de corridas, não! Quilômetros aumentaram, tempos finais diminuíram. O mundo deu voltas. Vejo como um registro histórico, um diário.

A Corrida da Ponte de 2013 foi a minha 50ª prova (exato meio Iuri, do Pulso). Considero que completei 50 passos na minha vida de corredor. Mantenho a mesma motivação, a mesma alegria. Afinal, são apenas nú-

9 Assim são apelidadas as pessoas que não fazem inscrição na prova, mas participam do evento. Sou crítico desse comportamento.

meros. E nenhuma linha de chegada é definitiva. Estou apenas a mais um passo da próxima largada.

Desde a primeira prova, em junho de 2008, foram-se quase cinco anos. O exagerado ano de 2012 guardou 22 lembranças. Trato como meu marco zero nas corridas o 2º semestre de 2009, quando ela adquiriu condição perene.

Era o dia da ponte... Idas e vindas à graduação e ao mestrado... Prova concluída no suado e acalorado retorno ao calendário, em 2011. Após a decepção com a inexplicável perda do número de peito e a consequente ausência em 2012, eu estava de volta. Provavelmente uma despedida do elevado da Perimetral, carinhosamente apelidada de "Perinfernal" pelos corredores. Largo com a cabeça na Comrades e os pés em Niterói.

Ou não... Aqui termina meu roteiro, pensado antecipadamente para relatar a prova. Sim, os pés estavam em Niterói, mas a cabeça passou longe da Comrades naquele domingo. Algumas poucas vezes comecei a organizar as principais ideias de um depoimento previamente. Assim como o futebol, a corrida também é uma caixinha de surpresas. E conheço muito bem uma especialista no assunto!

A proposta sempre foi concluir a Corrida da Ponte sem pressa. Era uma grande oportunidade para aproveitar o cenário, encontrar os amigos e adicionar um novo registro em vídeo à coleção. Não faria sentido exagerar e me arriscar 15 dias antes do grande objetivo do ano. Isso não mudou, porém ganhei companhia. Pouco antes de sair de casa, isso mesmo, perto das 5h30 da quase madrugada (!), a Bruna me informa que está inscrita na prova! "Tem vaga no táxi, né?" Era a namorada participando de outra corrida após meses de contusão e recuperação. Segredo muito bem guardado! Nem desconfiei quando, na véspera, ela deu palpites e quase me obrigou a mudar o horário de partida. "Que diferença faz pra quem vai dormir até mais tarde?"

Sobre a corrida?! Ah, foi ótima. Temperatura agradável, dia claro e com belo visual. Perfeita combinação para passear pela ponte. Corremos lado a lado nas quase duas horas. As imagens falam mais que as palavras. Vejam o vídeo!

O Marco seguiu a sua tradicional rotina de jurar mera participação descompromissada ao largar e depois voar baixo até a chegada. E eu sofri mais uma ultrapassagem com piadinha... Eita rotina! Diretamente das montanhas da Áustria, o amigo Andi debutou como corredor experiente e deixou seu treinador – eu![10] – orgulhoso! Parabéns!

Encontro vários amigos ao longo do percurso. Chão do Aterro em peso – equipe com mais atletas na prova! Sou ultrapassado pelo Ricardo, pelo Ranulfo e pela concentrada Lady. O sempre animado Souza vi na largada e na chegada. Marcelo e demais MD Runners também, antes e depois. Já com a minha 50ª medalha de participação no peito, encontro Lourenço e Denise. Grandes companheiros de treinos e de corridas! Sempre um ótimo papo. Lembrando do próximo desafio, foi um domingo de corrida e de camaradagem.

Segue outro ponto de vista: Bruna Zolini, o retorno.

"A primeira pergunta que surge dos amigos após a corrida é: 'E aí? Foi bem?'. Nunca sei o que responder quando me fazem esta pergunta. É uma questão muito relativa e pessoal. A melhor resposta que tenho é: 'Depende. O que é ir bem pra você?'.

Após seis meses me recuperando de uma lesão grave, não resisti e resolvi voltar às pistas em alto estilo: na Corrida da Ponte. Com mais de 10 anos de experiência em corridas e já tendo participado das duas edições anteriores da Corrida da Ponte, estava apreensiva como se fosse minha primeira prova. Queria muito conseguir completá-la, sem dor, sem lembranças ruins de lesão. A corrida é minha paixão. Senti muita falta dela neste tempo em que ficamos separadas. Confesso que tenho outros affairs*: a natação, por exemplo. Mas tenho muita saudade da corrida e não quero perdê-la de novo.*

Pacientemente, passo a passo, sentindo minha respiração, olhando a paisagem, posando para fotos, cumprimentando amigos, analisando outros corredores, enxergando a vida ao meu redor e no meu interior, fui

---

10 Educadores físicos, fiquem tranquilos. Exerço apenas a profissão de economista. Só dei alguns palpites para um amigo que treina sozinho.

percorrendo cada metro, ansiosa pela chegada, mas com muita calma nas passadas. Mentalizei a minha chegada a semana inteira. Mesmo no trote, estava com o 'coração na boca' nos últimos metros, de tanta emoção. Era a hora daquele filme que passa na cabeça de todo corredor ao se aproximar da chegada. Finalmente, consegui completá-la. Sem dor e muito feliz. Nos últimos metros, não estava mais correndo: estava flutuando, dançando nas pistas, como uma (ex) bailarina. Não ouvi música das caixas de som e ninguém falando ao microfone, pois uma valsa linda estava tocando dentro de mim. Eu era uma debutante em dia de gala. De mãos dadas, cruzei a linha de chegada, ofegante de emoção e com lágrimas de felicidade nos olhos.

Nossa, que saudade dos palcos... Ops, quero dizer, das pistas!

'E aí? Fui bem? A resposta é: Sim! Fui muitíssimo bem, pois é muito bom viver e é melhor ainda viver podendo correr'."

CAPÍTULO V

SHOSHOLOZA[11]

"Idiota é quem faz idiotice."

Forrest Gump

A ida

Muitos amigos e colegas, participantes ou não das tradicionais provas de cinco ou dez quilômetros do Aterro, sempre me perguntam: "E aí, Alvaro, qual a próxima corrida? Alguma maratona? Quais são os planos pra 2013?". A maioria já aprendeu que maratona tem distância padrão de 42,195 quilômetros e que isso é bastante. Do Recreio ao Aterro é uma excelente referência para cariocas... Atualmente tenho especial cautela na resposta. Fico meio tímido de explicar e digo apenas que "vou participar de uma corrida famosa na África do Sul" e que "não é a mesma de 2012". Falo que "é maior que uma maratona", sem especificar que é maior que DUAS maratonas! Se o interlocutor fica interessado e pergunta mais detalhes, informo que predominam subidas. Serão exatamente 54 milhas, o que significa 86,96 quilômetros.

Em abril de 2012, eu estava preparado para ultrapassar a distância da Maratona. O cenário era a Cidade do Cabo. Com a linha de chegada 56 quilômetros depois da largada, julgava estar próximo de um grande

11 Shosholoza significa "siga adiante". Trata-se de uma canção tradicional da África do Sul, que tem muita identificação com a Comrades.

feito. O comentário constante dos corredores locais era: "Ah, legal. Depois pode treinar mais e fazer a Comrades.". Depois de ouvir isso, com pequenas variações, pela terceira ou quarta vez, entendi. O pessoal considera a Two Oceans Marathon uma preparação, um primeiro degrau. Eu era um adolescente que me considerava adulto!

Se você não é corredor, provavelmente não entenderá meus argumentos. Serei facilmente classificado como "louco", na melhor das hipóteses. Difícil argumentar contra, assumo. Por ora, busco traduzir a motivação para participar de uma prova de quase 90 quilômetros, com subidas e descidas constantes. O navegador Amyr Klink rejeita radicalmente o rótulo de aventureiro. Ele argumenta que faz rigoroso planejamento, avalia riscos e define estratégias. Faz expedições, não aventuras.

Preparação é a diferença entre o maluco e o ousado. Não há garantia de resultado positivo, mas é sua melhor chance. Como diz uma grande inspiração do mundo das corridas, Forrest Gump, "idiota é quem faz idiotice". E muito treino antes de um teste difícil não se encaixa na definição. O treinamento é duro. Longões com mais de 50 quilômetros, mais de 60 quilômetros... Ufa! Ah, incluindo muitas subidas, claro... Quando eu estiver entre os 18 mil na linha de largada da mais famosa ultramaratona do mundo, em Durban, no dia 02 de junho, serei um corredor muito preparado, apenas cumprindo a última etapa de um longo planejamento.

Ousar fazer algo difícil é aproveitar as melhores coisas da vida. O limite é medida individual. Pode ser 10 quilômetros, a meia ou a maratona inteira, a Comrades ou mais de 500 quilômetros na floresta amazônica como faz o ultramatonista Márcio Villar. No momento, o meu desafio é o trajeto de Durban a Pietermaritzburg. Respeitar a distância é fundamental. Como em qualquer corrida longa, o primeiro objetivo é chegar. Como debutante, não penso em tempo final. Dor em alguma medida é esperado, mas quero finalizar sem contusões. Mancar no dia – ou na semana! – seguinte é o preço que se paga. Loucura... é viver e morrer numa vida ordinária. Na vida de qualquer mortal, predominam os momentos e os feitos comuns, padronizados. Os limites – que nos colocamos e que recebemos – nos acompanham do berço ao caixão. Ousar superar alguns ao longo da vida pode não fazer muito bem para articulações em geral se você é corredor, mas é ótimo para a alma. Como diria o economista, tempo é um recurso escasso que tem fins alternativos. Use bem o seu! Viva intensamente.

Em março-abril de 2012 eu fiz três maratonas e os 56 quilômetros na Cidade do Cabo em 22 dias. Foram quatro países e três continentes, desafios físico, mental e... logístico! O corpo estava cansado, mas a cabeça motivada como nunca. Quando estava finalizando meu vídeo sobre aquela ultramaratona, decidi incluir uma referência da Comrades. Funcionou como um lembrete motivacional. Indiretamente, era a minha inscrição.

Chegou a hora, é a oportunidade. Tenho tempo, saúde, dinheiro e motivação para a empreitada. Reunidos os principais elementos, é aproveitar o momento. Às vezes, precisamos esquecer o quadrado e tentar o extraordinário. Farei o melhor possível para chegar, tenho o limite de 12 horas para isso. Sucesso? Espero que sim... Mas o maior fracasso é não tentar. A corrida é feita com os pés no chão, e a diferença em relação à caminhada é que correndo eles podem se descolar do solo. Tenha metas e objetivos, mas não deixe de sonhar. Guardamos apenas nossas lembranças, nossas realizações. Escolha bem como usar o tempo. Aproveite o dia!

Treino e esforço

> "A vontade de treinar deve ser maior que a vontade de vencer."
>
> BERNARDINHO

> "Quanto mais eu treino, mais sorte tenho."
>
> A FRASE TEM MUITOS USUÁRIOS, TRATADOS COMO AUTORES...

Quanto mais vejo futebol, mais gosto de tênis. Do esporte da raquete e do meu calçado de corridas! A corrida premia o esforço, a dedicação. Não há bom resultado sem muito suor antes, durante e depois. Todos os passos são igualmente importantes. O treino leva você mais longe e mais rápido. Não se define o resultado num piscar de olhos, mesmo que essa seja a diferença final entre os competidores. Quando completei o duríssimo treino de 65 quilômetros da preparação da minha primeira Comrades, escrevi sobre isso. Meu amigo Lourenço respondeu contando uma bela história. Segue uma versão com adaptações minhas e vários trechos do original:

Era o ano de 2008 e treinava para minha primeira maratona. Tudo aconteceu no seu longão de 34 quilômetros, o último e maior deles. No 32° quilômetros começou a sentir muita dor e assim, percorreu a distância restante. Não sabia o que era a lesão, só entendia que doía, e fez gelo imediato após o treino, achando que era uma torção, ou algum ligamento. Era um "diagnóstico de advogado".

Nos dias seguintes o pavoroso quadro foi se desenhando: pé inchado, dor incessante, e atenuando tudo a minha férrea vontade de correr a primeira maratona, em três semanas. Somente com a imagem de ressonância, no 10° dia do acontecido, foi jogada a toalha: a maratona não ia acontecer naquele ano. "Era meu objetivo, pois tinha feito 45 anos em janeiro, e minha carreira de corredor começara justamente quatro anos antes, autoafirmando: – Vou correr uma maratona aos 45 anos."

Frustração? Sim, intensa frustração. Teve bastante dificuldade de lidar com aquela interrupção do plano original, com a paralização do treinamento dedicado e com afinco, muito cansativo, mas muito mais prazeroso; enfim, o sofrimento natural de um corredor lesionado, impedido de dar um mero trote de cinco quilômetros em grama ou areia. Foi uma grande lição, naturalmente, mas assim avaliada somente muito tempo depois, com a reflexão do tempo que passa, do distanciamento dos contraditórios momentos que vivemos.

Seguindo a imagem do boxeador, tempos depois entendeu que sofrera apenas um *knock down*, uma queda. "A contagem foi aberta, mas eu levantei! Perdi um *round* mas sigo na luta."

"Por que conto esta saga pessoal? Porque em algum momento daquele mesmo ano, ainda andando de muletas duplas, sem colocar o pé esquerdo no chão, sentindo-me inválido e temendo não poder um dia voltar sequer a correr, encontrei naquele treino de 34 quilômetros uma boia de salvação."

As palavras de uma conhecida mudaram a situação. Ela disse:

– Puxa, eu estaria muito realizada se pudesse contar que corri 34 quilômetros...

"Eu não me dera conta disto! Voltei aos meus registros, e fui ler o que eu mesmo me disse daqueles 34 quilômetros. Tinha feito em 2h 49min (mesmo contando o arrasta-pé dos dois últimos km), um *pace* de 4:58 por km (cadência que nunca mais repeti numa distância destas); tinha chegado em condições ótimas (exceto o calcâneo esquerdo, óbvio); tinha realizado o proposto; tinha corrido com garra, determinação, objetivo. Tinha construído uma estória de corredor."

E ele somente pensava que tinha sido frustrada a maratona, que era o objetivo daquilo tudo. Então passou a pensar diferente, olhou os 34 quilômetros como uma realização ainda maior do que a maratona em si... "E toda vez que alguém me pergunta se sou maratonista, respondo (pelo menos no meu íntimo): 'Sim, sou maratonista, eu treino 34 quilômetros...'Correr os 42.195 mil metros depois, é consequência. Ou não."

A primeira maratona oficial aconteceu em 2009, no exuberante cenário de Foz do Iguaçu. Ele tinha 46 anos e concluiu a distância em 4h 28m, um grande sofrimento, sob um calor que chegou a 36 °C. Estava feliz e realizado. Perto da linha de chegada, não pode deixar de lembrar: "Eu treino 34 quilômetros, sou maratonista". Frequentador assíduo daquela prova, sempre diz: "Só corro em Berlim quando os alemães mudarem a data!" Afinal, largar na represa da usina de Itaipú e chegar nas Cataratas é tradição e prioridade.

O mais longo dos dias

> "This year was the hardest race I have ever done,
> not just Comrades, but any race."
>
> Alan Robb, sobre a edição de 2013,
> quando completou sua 40ª Comrades consecutiva.

> Run to the hills – Iron Maiden

A Comrades é uma corrida mágica. O ritual da largada emociona e estimula até mesmo o mais rabugento dos corredores. A abertura é com o

Hino Nacional da África do Sul, seguido da tradicional Shosholoza e do tema de Carruagens de Fogo. Até a mais sedentária e antiesportiva das criaturas associa a música às corridas. Antes do estrondoso tiro de canhão, o galo canta. Sim, um dia alguém imitou um galo e virou tradição. Todos, já muito bem acordados, começam a correr.

O roteiro padrão inclui muito frio e abandono de casacos ao longo do percurso. Não em 2013. Definitivamente, não! A previsão do tempo, confirmada ou até superada, foi de temperaturas entre 18 °C e 30 °C, mais de 10 °C acima das médias históricas. O *facebook* da prova classificou como a edição mais dura. Difícil comparar, mas certamente esteve entre as mais duras.

Falamos de um dos eventos mais tradicionais do mundo das corridas. Não à toa, muitos registram na pele a conquista. A Comrades transforma os participantes, afetando a intimidade de cada um, provocando situações limite de profundo autoconhecimento. Completá-la é quase um dever cívico para um sul-africano. E entenda como "completar" fazer duas edições consecutivas e receber a terceira medalha (*back to back*). Nos anos ímpares, são 87 quilômetros e predominam as subidas; nos anos pares, 89 quilômetros e inverte-se o sentido, descendo.

s primeiros quilômetros foram muito engarrafados. Blocos de corredores impediam o avanço. Muitos caminhavam mesmo nas subidas iniciais. Imagine-se no mais famoso e lotado circuito de corridas do Brasil, largando no meio. Quem já vivenciou o drama não precisa de maiores explicações. O primeiro posto de abastecimento demorou um pouco a aparecer e estava vazio.

A corrida mesmo começou perto do 20º quilômetro. Ótimo suporte e corredores já com algum espaço. Ataco dois géis de carboidrato na primeira metade da prova (na primeira maratona!). Sem novidades. Fazia muito calor e a hidratação tornou-se especialmente crítica. O clima seco e o vento forte (predominantemente contra) aumentavam as dificuldades. Aos poucos, surgem os primeiros alimentos sólidos. Aceito um hambúrguer apenas para registro das imagens para um amigo literalmente fominha. Arrisco apenas o pão. Ignoro o cachorro-quente (!) e as balas. A batata cozida e mergulhada em sal grosso é pico de pressão imediato. Comi três, que ajudaram a repor minimamente o estoque de sódio consumido, porém a sede foi forte. Desacostumado com essa novidade nas corridas, negocio com o estômago e selecionamos juntos apenas doces. Bananas, biscoitos e chocolates.

Escolho estratégia diferente da maioria e prefiro evitar caminhadas. Gosto de manter o ritmo constante. Depois de uns 50 quilômetros, decido poupar as pernas e ando nos trechos mais difíceis. Tudo pode acontecer depois de tanto esforço. Correndo no limite, podemos ter um súbito surto de euforia ou de quebra. Como o objetivo era chegar, sou cauteloso. Não tinha canja de galinha na alimentação disponível...

As subidas foram muitas. Para todos os gostos e capacidades. Quando o lendário Bruce Fordyce disse, em palestra para os brasileiros, que alguns top-10 caminham na temida Polly Shortts, eu tive certeza que era uma brincadeira do bem-humorado e simpático campeão. Isolada, ela não assunta. É menos difícil que os piores trechos da Vista Chinesa, por exemplo. Colocada depois de 80 quilômetros, pode derrubar favoritos e alterar resultados. Ele fez outro alerta: "é uma corrida estúpida, eles colocam as placas no sentido errado!". As placas não indicam os quilômetros já corridos como normalmente é feito, mas a distância que falta. Não é agradável ver uma placa de 50 km depois que você fez 37...

Bebo muita água e sigo para a linha de chegada. Entro no estádio com segurança e arriscando uma acelerada. Missão cumprida: sorriso e alegria na linha de chegada! De causar inveja em uma certa especialista em chegadas comemoradas. Finalizei em 9h 37min.

Antes, no hotel, me juntei a mais seis corredores cariocas. Eram quatro da Speed e dois da Filhos do Vento, assessoria que me ajudou na minha primeira maratona na vida. Grandes lembranças! Minha equipe é o Chão do Aterro. Infelizmente não vi quando passei por dois dos colegas. Finalizo com a certeza de que alguns me esperavam há tempos. De imediato, sou atualizado. Dois passaram apuros. A ansiedade aumenta a cada minuto e um clima de desapontamento domina quando o computador confirma uma desqualificação no grupo. É possível correr com câibras e dores diversas, mas sem combustível, o corpo ruma para o colapso. Se o estômago começa a rejeitar líquidos e sólidos, a desistência é questão de tempo e demonstração de inteligência. Ficamos até o final do evento, as 12 horas de prova. Vi gente perdendo a medalha e sendo apagada da edição de 2013 ao não cruzar a linha de chegada para ajudar os outros. Sim, mesmo em boas condições, alguns não completaram porque ajudaram companheiros em condições piores. É triste ver a decepção daqueles que se esforçaram muito, porém não concluíram dentro do limite por meros minutos ou segundos.

Quanto lhe dizem "*you are looking good*", não é verdade. Sua mãe não concordaria com eles. É apenas um grande incentivo. Todos os corredores são estimulados e muito bem tratados pela verdadeira multidão que acompanha a prova nas ruas. Brasileiros, somos especialmente festejados. Nos trechos mais populosos, a cada 100 metros ou menos alguém fazia alguma saudação com referência ao nosso país. Vi crianças de seis, sete anos reconhecendo nossa bandeira. Somos parecidos em pontos positivos e negativos. Nossa famosa seleção de futebol, os treinadores brasileiros e a sucessão de sedes da Copa apertaram o laço através da bola.

Sem qualquer referência ao mundo das corridas, um dia um amigo tirou da cartola a seguinte pergunta: "o que te faz sentir orgulho do Brasil?" A resposta era absolutamente pessoal e livre. Agora respondo rápido: correr na África do Sul!

Pole pole, Kilimanjaro

It´s a long way to the top with you wanna a rock and roll – ACDC

Talvez você comece e termine a leitura da próxima história sem entender porque alguém gasta tempo, dinheiro e energia para passar frio, ficar exausto e sem banho por sete dias, dormindo numa barraca. Provavelmente foi mais caro que passar o mesmo período num bom hotel na paradisíaca Zanzibar, destino internacional no litoral da mesma Tanzânia. É uma questão de escolha pessoal. O melhor hotel do mundo nunca permitiria experiência semelhante.

Há muitos anos penso em conhecer essa montanha. Ela não exige conhecimentos técnicos de escalada. Apenas disposição, bom preparo físico. Em resumo, coração, pulmões e pernas em bom estado de conservação. E isso eu tinha de sobra! O leigo pode pensar que quem corre maratonas e além está apto para qualquer desafio no Kilimanjaro. Uma coisa é correr ao nível do mar, em ambiente repleto de oxigênio. Outra muito diferente é caminhar lentamente perto dos 6 mil metros de altitude, mesmo com grande equipe de apoio. O ar rarefeito me preocupava. Eu teria poucos dias de aclimatação, mesmo com a escolha da rota mais longa e adequada para isso. A empreitada começou exatamente uma semana depois dos 87 quilômetros da Comrades *up run*. Coisas do calendário... As pernas estavam em boas condições, recuperadas.

Meu amigo Paulo "Balboa", ex-colega de mestrado, me acompanha na aventura. Morando na África como diplomata do Brasil, era a oportunidade dele. No ano anterior, foi meu anfitrião na Namíbia. A montanha domina os nossos assuntos. Conversas e pensamentos podem desviar de tema momentaneamente, mas rapidamente recuperam o foco principal. É o Kilimanjaro exercendo seu magnetismo.

A parte operacional de uma excursão é extremamente racional. Escolhemos uma boa agência, que paga os melhores salários à equipe. Além de uma questão de justiça e não exploração, é importante para o sucesso da empreitada. Um problema com qualquer um dos integrantes pode comprometer todo o planejamento. Somos apenas uma dupla de participantes, com numerosa equipe de apoio: dois guias, um cozinheiro e sete carregadores.

Em 2009, aprendi que eu tinha sonhos. Depois, comecei a transformá-los em realidade. Sempre sonhada, nunca planejada, a excursão foi retirada da agenda de 2012 em fundação da temporada de chuvas. Então, tornou-se prioridade na organização do calendário do ano seguinte. Agora eu estava a alguns passos, a algumas horas de mergulhar numa experiência desejada há tempos. Como nas revoluções, conhecemos apenas o começo. Ou nem isso... É estranho, mas acho que somos apenas um personagem – talvez o protagonista – da nossa vida. Não somos o roteirista. Ei, uma eventual interpretação religiosa do pensamento é de sua autoria, não minha. Certo?!

Quando o avião ainda se aproximava de Joanesburgo, a primeira escala da viagem, ouvi uma informação interessante. Nada além da rotina em voos... O piloto informa altitude de 5.890 metros e temperatura de -10 °C. Era uma linda manhã de sol e os indicadores revelavam exatamente as condições esperadas para o cume do Kilimanjaro. Eu ainda tinha os 87 quilômetros de corrida da Comrades e alguns dias de trilha pela frente. Olho pela janela e fico bastante pensativo...

Corrida e finalizada a primeira etapa da viagem, as montanhas sul-africanas ainda se manifestavam nas minhas pernas quando a cabeça transportou-se para o Kilimanjaro. Aconteceu antes de o corpo entrar no avião, inicialmente rumo ao Quênia. A meta seguinte era conhecer o teto da África, quase 6 mil metros mais elevado que os oceanos. No trecho Joanesburgo–Nairóbi, avistamos o Kilimanjaro pela janela do avião. Observá-lo de um ângulo superior é mágico. A montanha é convidativa, majestosa, elevando-se imponente diante do relevo de vales e planaltos ao redor.

7 de junho de 2013 - Dia 0: senhores, liguem seus motores!

Ficamos dois dias na casa dos nossos amigos Daniel e Roberta. Ele também ex-colega de mestrado. Estamos na véspera do início da excursão. Agora posso revelar... A possibilidade de nova visão aérea do Kili foi determinante para que eu aceitasse a opção "fresca" proposta pelo Paulo de voo a partir de Nairobi. Minha alternativa terrestre não era mero pão-durismo camuflado de preferência rodoviária. Eu queria mesmo rodar, ao menos um pouquinho, pela Tanzânia e pelo sul do Quênia, como fizemos na volta. Ao final, acho que o Paulo também aproveitou a experiência quase antropológica para os padrões dele. Ou não...

A partida começou com o caótico trânsito da capital queniana. Mesmo às 6h00 o horário de chegada é sempre imprevisível. Numa cidade onde há detectores de metais e somos revistados em *shoppings*, entrar e circular no aeroporto não é tarefa simples. O avião Embraer da Kenya Airways nos deixa temporariamente mais perto de casa. Deixei um país ao sair de férias, encontraria outro na volta. Um período de mudanças pessoais e nacionais. Eram as manifestações de junho de 2013.

Eu diria que o sentimento predominante é de expectativa, não de ansiedade. Estou curioso, um pouquinho preocupado e muito animado. Esperamos pelos primeiros passos na trilha, pelas primeiras reações diante da redução do oxigênio disponível. As famosas "neves do Kilimanjaro", imortalizadas nas letras de Ernest Hermingway, são sempre citadas quando o assunto é aquecimento global. Deixo a polêmica para os especialistas.

Chegar ao cume do Kilimanjaro é o grande objetivo. Claro, queremos conhecer o teto da África. E como diz uma famosa frase do montanhismo – usada com malícia e trocadilho – "só o cume interessa!". Ter aquela oportunidade, estar ali, era uma experiência fascinante com qualquer desfecho. Busco contato com a montanha. Não avalio a esperada chegada ao topo como vitória – o termo exigiria uma derrota como contraponto. Trato como uma questão de sintonia. Era uma possibilidade – a mais desejada – entre um conjunto.

Lembro do Mr. Keating e da sua Sociedade dos Poetas Mortos: Carpe Diem. Aproveitem o dia. E depois, ele completava: "Tornem suas vidas extraordinárias!". Eu diria que estava me esforçando na direção certa. Seriam muitas experiências em pouco tempo fora de casa. Ou como alertou o dono da agência, com um largo sorriso: "cuidado, essa montanha muda a vida das pessoas!". É o depoimento de quem largou a exemplar qualidade de vida nórdica pela Tanzânia.

Tempo para os últimos preparativos. Tempo para poupar energia. A pizza foi uma ótima pedida. Não estamos mais na temporada de chuvas, porém o microclima da região é imprevisível. Vento, chuva, neve e sol são os ingredientes. Mas só saberemos as quantidades escolhidas ao provar o bolo. Há uma certeza: oxigênio será apenas uma pitada!

08 de junho de 2013 - Dia 1: o primeiro passo, finalmente!

A ação propriamente dita demorou a começar. Lento trecho de carro até o encontro com a equipe. Eles traziam os materiais e os suprimentos necessários. Eram montanhas de coisas para subir uma montanha. Seguimos até a entrada do parque para registro. Vencida a burocracia, todos dentro da camionete novamente. Nossa trilha não começaria ali. As idas e vindas, as constantes paradas, testam a paciência. Tomamos uma estrada cujas condições pioram a cada quilômetro. Diante das dificuldades do caminho, largamos antes do início formal da trilha. Aproximadamente uma hora depois, sem qualquer sinalização especial, começamos o caminho oficial.

Excelente demarcação, uma verdadeira autoestrada para montanhistas! A previsão de jornada para o dia era de quatro horas. Claro exagero... Chegamos ao primeiro acampamento depois de 2h 10 min seguindo com calma, com pausa para fotos.

09 de junho de 2013 - Dia 2 "I have nothing!"

A alvorada foi da pior forma possível. O título do texto foi a reação de uma turista canadense, roubada em todos os seus pertences de valor. Foi a primeira frase ouvida no dia, ainda sem a luz do sol. Reuniões sucessivas entre guias e carregadores das três ou quatro excursões presentes naquele acampamento. Clima tenso, abalando a boa expectativa para o dia. Ajudamos a moça com algum dinheiro e boa sorte. Era o possível naquelas condições. O episódio foi péssimo, alterando a rotina. Passaporte e meios de pagamento passaram a receber vigilância especial. Havia um ladrão não identificado nos arredores e não gostaríamos de ser as próximas vítimas. A prática cuidadosa durou toda a excursão.

Continuamos nosso caminho pela floresta por cerca de uma hora. O avanço foi muito lento. Todo cuidado é necessário para evitar os males da altitude. Em seguida, as árvores maiores são substituídas pelos arbustos de pequeno porte. Pausas para hidratação e fotos. "Quando veremos o Kilimanjaro pela primeira vez, pergunto? "*Tomorrow*" (amanhã), foi a resposta. Subimos um morro e a trilha seguia para a esquerda. Após uma curva, temos nossa primeira visão da montanha! Magnífica! O guia não planejou uma surpresa. Palpito que foi falha na comunicação mesmo...

Como um turista japonês, tirei centenas de fotos. Muitas idênticas, outras testando as opções manuais da máquina. Escrevo o relato de frente para o cartão postal. Paro longos momentos apenas observando o Kilimanjaro, hipnotizado. Imagino o céu durante a noite. Sem luzes artificiais nos arredores, sem nuvens e com altitude. A combinação ideal! A conferir.

10 de junho de 2013 - Dia 3: no cartão postal

A noite foi gelada. O limite da bexiga me expulsa da barraca com os primeiros raios de sol. Tiro a fina camada de gelo e aprecio o belo cenário. Era um acampamento, mas pode chamar de cartão postal! O Kilimanjaro parecia acordar discretamente, sem a imponência usual, quando o sol ilumina suas geleiras.

Rapidamente o calor chega. Dia curto de caminhadas, predominando o plano. Se apetite é bom sinal, estamos melhores que ao nível do mar. As ótimas refeições foram todas devoradas. Sinto alguma dor de cabeça leve e tento não me preocupar. Afinal, estamos perto dos 4 mil metros, ainda que ninguém afirme com segurança a altitude. O tema causava novos ruídos na comunicação. Informação não era o ponto forte do pessoal...

Pior que o incômodo em si, era a dúvida. Seria apenas o primeiro sintoma do ar rarefeito? Eu precisaria conviver com a "novidade" pelos próximos dias? Ainda faltava um terço da montanha, como seria perto do cume? Alguns podem classificar como simples pessimismo. Eu chamo de cautela.

Innocent, um dos guias, oferece opção de caminho alternativo. Seria mais longo, incluindo subida a um pico próximo. Após rápido debate, aceitamos. Ótima decisão. Além de um belo cenário, preenchemos o dia. Com algum esforço adicional, conseguimos ótimas lembranças. Foi uma troca justa.

Do caminho, vemos um carro seguindo em alta velocidade numa estrada próxima. Era uma equipe de resgate. Um pequeno choque de realidade: coisas desagradáveis podem ocorrer na alta montanha. Ainda chegamos cedo ao acampamento e fazia muito calor na barraca. A menor camada de ozônio dos lugares altos potencializa os efeitos do sol. Mangas compridas, boné, óculos escuros e protetor solar são itens compulsórios, companheiros de jornada. Meu caderno de anotações é grande entretenimento nas longas horas que permanecemos parados.

Fazia calor, entro na barraca e ajeito o saco de dormir como travesseiro. O Paulo observa a cena e fica empolgadíssimo, fazendo uma associação histórica. Eu estaria igual a um certo sujeito que morreu na Bolívia há tempos.

11 DE JUNHO DE 2013 - DIA 4: POLE POLE

Devagar... Essa é a tradução para o português da expressão em *Swahili*, língua comum aos países do leste da África. Era sempre o melhor conselho dado pelos guias. Deixamos o acampamento iniciando uma longa subida. A proposta é um dia clássico de aclimatação. Ir alto durante o dia e dormir mais baixo. O ponto máximo foi a 4.600 metros, em Lava Towers. Bela paisagem, mesmo com alguma neblina. Os habituais corvos completavam o cenário num clima sombrio.

A descida até o acampamento foi dura, inclinada e com muitas pedras. Innocent e Rachid insistem com o uso dos bastões de caminhada. Tento, mas prefiro manter os braços livres. Quase um pequeno ato de rebeldia. Os guias são simpáticos e atenciosos, mas imprecisos quando o tema é informação. Falam um inglês básico e não demonstram quando não entendem o que falamos. Em comparação com demais grupos que encontramos pelo caminho, às vezes somos lentos, porém regulares. Quando ultrapassados, usualmente retomamos a dianteira. Sem qualquer disputa, evidentemente.

Eu estava plenamente recuperado do dia anterior e não tive problemas. Esclareço: ausência de problemas não significa facilidade. Nada é simples com pouco oxigênio. Terminamos o dia satisfeitos. Estamos em excelente estado após um dia intenso. Em vigilância constante, monitoramos as reações do corpo. Músculos cansados, porém prontos para entrar em ação novamente. O Paulo não sentiu qualquer consequência do ar rarefeito. Valeu morar nos 1.800 metros de Windhoek e a malhação pesada. Tenho certeza que os já passados treinos de apneia ajudaram muito.

Meus lábios estão machucados pelo clima seco e o rosto arde mesmo com o uso constante do protetor solar. O pescoço está "vermelho pra caralho", na descrição sincera do Paulo. Há alguma ansiedade. As ótimas evidências confortam, mas falam do passado e do presente. O futuro ainda pode guardar surpresas. A expectativa aumenta. Amanhã teremos uma jornada dura de trabalho. De partida, o aparentemente duríssimo Barranco Wall. O descanso será breve. O ataque ao cume está marcado para começar à 00h00 do dia 6.

Estamos atravessando um teste de resistência. A parte física, é evidente. Destaco o desafio psicológico. Dias e dias de longas caminhadas. Calor, frio, cansaço. Pouco espaço e nenhuma privacidade. Chamamos de banheiro um buraco cheio de merda e de moscas, cercado por quatro paredes, às vezes rudimentares. Relaxar ali é uma arte que eu definitivamente não domino. Lembro dos treinos de apneia relatados pelo Paulo. Ajudaram. Com muitas sopas e caldos na dieta e depois de alguns dias sem opções, o processo digestivo é finalizado de alguma forma. Naturalizamos aquelas condições. O que acho mais interessante é a recorrente ausência de trancas nas "portas". Afinal, tudo fica ainda mais emocionante quando alguém pode subitamente interromper a sua atividade!

Pole pole...

12 DE JUNHO DE 2013 – DIA 5: APROXIMAÇÃO FINAL

Dia dos Namorados no Brasil e eu aqui, dividindo a barraca com o meu amigo Paulo "Balboa". Ah, eu também perdi o aniversário da Bruna, no dia 2 da excursão... Por que tanto esforço por uma foto onde você provavelmente estará em péssimas condições e, na melhor das hipóteses, será reconhecido pelas suas roupas? Se você ainda não está convencido, releia o primeiro parágrafo do tema Kilimanjaro. E não fique inibido com a descrição do "toalete".

Começamos ultrapassando um verdadeiro muro. E não era o 30º quilômetro de uma maratona... Sem desvalorizar o nosso feito, a expectativa diante do visual e da fama do lugar foi pior que o trabalho realizado. Difícil? Sim, como qualquer atividade realizada naquelas condições. Vencemos o famoso Barranco Wall sem problemas.

Chegamos ao destino final antes dos carregadores, o que definitivamente não é esperado. Sim, mesmo carregados, eles são mais rápidos! O esforço deles era intenso, nítido. Com os 30 quilos que cada um deles leva nos ombros ou na cabeça de carga adicional, uma mureta transforma-se em muralha! Mesmo para os mais fortes e adaptados. Como informa a agência no roteiro da excursão, ao ver os carregadores em ação no Barranco Wall, você vai entender porque eles devem receber salários justos. O que deveria ser regra era exceção naquele ambiente de exploração dominante.

Aguardamos a montagem das barracas e buscamos o descanso antes do segundo turno de trabalho. A rigor, o ataque começa no primeiro minuto do dia 6, mas tratamos como quase ato contínuo. Teríamos um apenas breve intervalo.

13 de junho de 2013 - Dia 6: pode chamar de dia 5.5

Não temos uma noite inteira de descanso. Nas horas de repouso, percebo a pulsação acelerada. O coração trabalha mais rápido para alimentar as células com o escasso O_2. O sono foi pesadíssimo, revelando o desgaste do corpo. O jantar estava ótimo, com cardápio inesperado para as condições: batata frita! Lembraria disso em breve...

O combinado era acordar às 23h30 e partir 00h00. Às 23h50, o Paulo me sacode:

– Você tá bem? Não ouviu o Innocent chamando? Estamos quase saindo! Se arruma com calma, não podemos esquecer nada importante.

Aquele tumulto dos arredores não tinha sido suficiente para me acordar. Verifico os materiais necessários (basicamente acessórios contra o frio) e tomamos um último lanche. *Hey, ho Let´s go*! Era a hora da partida. Como repetia o Paulo, *it´s a long way to the top if you wanna a rock ´n´ roll.*

Ele tinha razão... Ainda no começo do percurso, percebo que o dia não está bom. Muito esforço em trechos simples. Eram muitos trepa-pedras fáceis, que ganham complexidade quando iluminados apenas com a luz da lanterna. Muitas roupas para aguentar o frio usualmente próximo a -15 °C naquele horário. Suprimento de água em garrafas térmicas e o que eles chamam de *comfort food*. No meu caso, a definição de chocolate! Levo gel de corrida no bolso para evitar congelamento. Eles voltariam intactos para o Brasil.

A previsão é de seis horas de caminhada. O ataque ao cume era extremo. Quase mil metros de deslocamento vertical. Perto das três horas, a fadiga se torna preocupante. O que era difícil, rapidamente se transforma em caótico. Uma queda minha deixou o Paulo particularmente preocupado. Eu parecia indefeso, sem reação, no seu ponto de vista. Discordo, mas não confiava muito na minha própria avaliação. Temos uma combinação perversa: mais tempo de subida significa mais esforço, mais frio e menos oxigênio. Ou seja, expectativa de melhora apenas no início da nossa descida, junto com a subida do Sol.

Os principais sintomas do mal da montanha são dor de cabeça, vômito, perda de apetite, insônia e diarreia. A piora é progressiva, mas a evolução não é necessariamente linear. O melhor remédio é descer. Não vou descrever os mais graves porque a minha irmã pode ler o texto. Não me caguei nas calças, mas me mexia como um bêbado. Subitamente, sem aviso prévio, revejo meu jantar. Assumo, vomitar me afeta psicologicamente. Remete a momentos difíceis, quando sempre venci o enjoo. Talvez seja falta de hábito. Ou de álcool... Quem mandou só tomar suco, coca-cola, guaraná, ice tea... O desafio agora era apenas mental. Fisicamente, eu já estava vencido.

Era questão de me recompor e pensar como resolver o problema. O Paulo, falante como quem faz um rápido passeio na praia, cita os All Blacks – time de *rugby* da Nova Zelândia, famoso pela determinação no campo de jogo. Ele segue com outras frases que me eram muito familiares. Parecia leitura de pensamento! Só faltaram os "passinhos de bebê" recomendados pelo ultramaratonista Dean Karnazes para momentos de dificuldade. Depois ele confidenciou: "Fui lembrando algumas frases do seu blog e do papo dos All Blacks. Acho que funcionou!". Pausas para descanso não eram recomendáveis naquele frio. "*Pole pole*" era quase um mantra.

Falhar na subida final seria péssimo, mas vomitar era humilhação. A segunda vez aconteceu muito perto do primeiro cume. Os guias tentam me incentivar. Respondo com firmeza: "Eu não preciso de motivação. Tenho a minha suficiente. Preciso de informação. Falta mesmo pouco? Como é o caminho? Como avaliam a minha situação?".

Classificar a minha argumentação como "firme" é a minha versão da história. A julgar pelos comentários e pelas brincadeiras posteriores, acho que eu poderia estar "um pouco bravo" no momento...

Eles garantem que seriam mesmo 30 minutos e que muitos outros participantes estavam como eu, ou em condições piores. Eu estava apto a continuar! De fato, bastava olhar ao redor e confirmar. Ainda era noite quando me sentei ao lado da placa que indicava Stella Point. Tecnicamente eu estava no cume, receberia diploma na saída do parque. Pronto! Vamos descer?

Estava incompleto. Eu sabia disso.

– Vamos ao outro cume! Descansa um pouco e vamos! – sentencia o Paulo.

– É longe?

Perto, longe, logo ali... Os termos são naturalmente imprecisos, mesmo nas CNTPs. Naquelas... "CATPA",[12] era questão de foro íntimo! Ali, a garrafa térmica ao lado estava muito distante! "São apenas 100 metros!", informam os guias. Claro, 100 metros... verticais!

O caminho é belíssimo. Terei que confirmar pelo vídeo e pelas fotos que o Innocent tirou com a minha máquina. Eu tinha apenas um foco. E aquela placa de Uhuru Peak nunca aparecia... O depoimento que gravei no retorno ilustra o drama.

Assim como a distância, em alguns momentos o tempo também é relativo. Demorou? Não sei... *Pole pole*! Passo a passo, a miragem alvejada ficava ora mais próxima, ora mais distante. Finalmente, cheguei. Não estava alegre. A sensação era fantástica, indescritível. Verdadeiro caldeirão de emoções. Estava apenas exausto. E precisava sair dali imediatamente. Poucos minutos no cume, tempo para algumas fotos.

---

12 CNTP é uma famosa sigla usada na Física e na Química. Significa "Condições Normais de Temperatura e Pressão". Na minha adaptação, CATPA: "Condições Anormais de Temperatura, Pressão & Altitude".

A informação pouco crível dos guias se confirma. Descer meros 100 ou 200 metros (verticais!) pode melhorar radicalmente as condições. Digo, os efeitos da altitude. O cansaço, infelizmente, não... Na volta, estou bem melhor ao passar por Stella Point, por exemplo!

As rotas de descida são muito inclinadas, desconfortáveis. Ou simplesmente "uma merda", como definiu o Paulo. Chego ao acampamento exausto, mas sem qualquer efeito da altitude. No caminho, o estômago se manifestou novamente, mas não havia nada passível de devolução. Ainda que ele tenha tentado.

Abro a barraca e deito em busca de descanso. Lembro vagamente de uma mão me entregando um copo de suco e de um vago e distante "*congratulations*!". Eu estava sob esforço físico extremo há quase nove horas, no frio e apenas tomando água. Nunca passei por um teste tão intenso. Sinceramente, espero que essa liderança nunca seja substituída em alguma maratona. Não quero repetir situação tão degradante. Acho que sempre poderei aprender lições com a minha experiência no Kilimanjaro.

14 DE JUNHO DE 2013 - DIA 7: O CAMINHO DE CASA

Cumprida a missão, o 7º dia não foi exatamente de descanso, privilégio para poucos. O clima foi de despedida e regresso. Longas descidas... Muitos trechos pedregosos, tornando o avanço muito lento. Os carregadores seguem em disparada, como quem têm molas, não articulações e ossos.

Em alguns momentos, a paisagem é dominada pelo nevoeiro. Passado o clímax da excursão, todos pensamos na chegada. O bate-papo segue animado. Muitas brincadeiras com as minhas condições precárias de horas antes.

Aprendo que o primeiro cume, Stella Point, me daria direito ao Certificado "prata". Os incentivos me pouparam de brincadeiras eternas. Ufa! Morar em continente diferente não seria suficiente para escapar da zoação do Paulo. Marte seria uma alternativa. Pior, até o Daniel teve desempenho melhor em assunto não acadêmico!

Já no trecho de floresta, Innocent nos espera numa área mais aberta e aponta para o horizonte. Era nossa última visão do Kilimanjaro em terra. A despedida, o último olhar, aconteceria no avião, no caminho de volta via África do Sul. Recordo uma regra de ouro: a melhor foto do cume é tirada da base, quando retornamos em segurança.

A rotina foi desgastante. Algumas cervejas Kilimanjaro para o Paulo, pizzas para ambos. A montanha ainda cobra o preço da conquista e nosso desgaste é nítido. Ao fechar os olhos, ainda lembro da sensação de esforço. Agora estabeleci comunicação direta com aquela montanha. Ideia, sonho, plano e realização. Missão cumprida!

Kilimanjaro: inspiração e revelação

Confesso que falhei nos meus registros. Não posso garantir quando foi a inspiração, apenas conto a história. O Paulo é um mestre de apelidos. Ele é especialista em apelidos mutantes. Nosso amigo Rafael Seabra que o diga. E me chamar simplesmente de Alvarenga, além de lugar comum e da falta de originalidade era... fixo! Acho que a pseudorrepresentação de Che Guevara animou o sujeito. Olhando para a minha barba de viajante, veio a iluminação: Mohammed Al-Varenga! Confesso que achei muito engraçado. Fazia sentido. Ainda na sul-africana Durban, os muçulmanos foram especialmente receptivos e simpáticos comigo.

Mohammed era um nome fácil, natural para os guias. Foi imediatamente adotado. Apelido não precisa fazer sentido, basta "colar". Mohammed Al-Varenga era completo. Rompeu barreiras e facilitou a aproximação. Até sobre críticas contra muçulmanos extremistas eu tive que ouvir. Não foi simples explicar que era tudo brincadeira. No fim, acho que eu mesmo já estava acreditando...

Agora seria injusto deixar meu ilustre e eventual leitor curioso. Seguem as mutações do ilustre amigo Rafael Seabra: inicialmente padre, transformou-se em Rabino pela sua religião. Rabine, numa versão internacional ou simplesmente Bine. Há muitas outras adaptações que não precisam ser publicadas... Caríssimo Mr. Bine (formalmente), se leu esse texto, entenda como uma homenagem aos meus amigos de mestrado!

A vida pós-Comrades

> "E, sem desmerecer ninguém, compartilhar experiências de uma ultra, funciona mais entre ultramaratonistas justamente por não acharem que estamos fazendo algo tão insano que o resultado certamente será uma lesão e/ou uma internação psiquiátrica."
>
> Ricardo Rezende Almeida,
> CORREDOR E AUTOR DO BLOG RUMO A COMRADES

As pessoas adoram pensar no passo seguinte. E agora não estou falando de corrida... O sujeito sai algumas vezes com uma menina e surgem as primeiras perguntas sobre eventual namoro. Começa a namorar e logo alguém indaga sobre casamento. Falando sério ou de brincadeira, não importa... Uns até incluem o noivado como etapa intermediária. Casado, tem que responder sobre filhos. Com o recém-nascido nos braços, é questionado sobre o irmãozinho... Não há limites! É um roteiro previsível... Somos eternos insatisfeitos, saudosos do passado e mais interessados no futuro que no presente.

No mundo das corridas é semelhante. Debutei nas provas com a meia maratona (Rio, 2008). No retorno oficial, passei por distâncias menores e ataquei a maratona (Porto Alegre, 2010). A famosa distância seria um limite bastante respeitável. Talvez o equivalente a um pai de família com dois filhos, de preferência um casal. Ninguém é chato o suficiente para perturbar além disso, especialmente se ele conseguiu produzir um menino e uma menina. Culpa minha, me arrisquei além dos 42,195 quilômetros. Primeiro os 56 quilômetros da Two Oceans (2012), agora a Comrades. Com muita ironia, o que antes era valorizado aos olhos alheios, virou lugar comum. Reproduzo uma coletânea de diálogos:

– Corri a maratona do Rio no último domingo...

– Ah, maratona deve ser moleza agora...

– Claro que não! Maratona é maratona, tem que respeitar... E fez muito calor!

– Fez calor também na África do Sul, você contou. Ao menos melhorou o seu tempo?

Ou...

– Qual é a próxima? E aí, quando vai encarar os 100 quilômetros?

– Ah?! Tá maluco?

– Não, o maluco aqui é você que gosta de correr tanto... Quem faz 87 faz 100 quilômetros...

Odeio ficar sem argumentos! Completar a Comrades prejudicou a minha defesa quando o assunto é sanidade mental... Como agravante, falam da minha foto na chegada daquela prova. "Nunca vi você rindo daquele jeito!" foi o comentário padrão, especialmente de quem me conhece há mais de dez anos. Talvez...

Quem sabe os detalhes da prova vai direto ao ponto: "*back to back* ano que vem, né?!" Explico: para efeitos locais, completar a prova significa correr dois anos seguidos e receber a terceira medalha, *back to back* (adaptando, seria "ida e volta").

Um raciocínio pretensamente lógico e logicamente equivocado seria "ah, agora a descida vai ser moleza... E certamente com temperaturas mais amenas...". Encarei um ano de subidas em condições duríssimas, fato. Eu diria que 2014 poderá ser menos difícil. Destaco uma máxima do mundo das corridas sobre as ladeiras: a subida cansa, a descida machuca. Descendo o morro, o esforço cardiovascular certamente é menor, a gravidade ajuda, mas o impacto no corpo é muito maior.

De imediato, queria reduzir um pouco as distâncias e ganhar velocidade. Planejava outra maratona para setembro e a ideia era força máxima. Depois, provas mais curtas. Sem esquecer um ou dois longos mensais. Além de ser o treino predileto, queria manter a resistência. Quem sabe, melhorar as marcas pessoais...

Um leitor mais impaciente poderia reclamar agora: "enrolou e não disse nada. Afinal, o que decidiu sobre a Comrades em 2014?" Respondia: "Sem dúvida, é uma grande oportunidade!" Eram boas as chances de uma viagem rápida, agora sem outras aventuras. Ainda que eu tenha vontade de conhecer a vizinha Botsuana e Zâmbia...

É sintomático: poucos correm apenas uma edição da Comrades. Sobram exemplos. Sem falar das lendas, como o cidadão que completou a 40ª em 2013. É uma prova instigante, atraente. Desafiadora. Parafraseando um ex-governador da Califórnia, "*I'll be back*" (eu voltarei!), apenas não sabia se em 2014.

CAPÍTULO VI

A MURETA

Planejar e controlar

> "Espere o melhor, prepare-se para o pior e aceite o que vier."
>
> CPM22

Trânsito me deixa especialmente ansioso. Adicione algum horário rígido, como a partida de um avião, por exemplo, e você me encontrará de péssimo humor. Já evoluí, melhorei, mas não muito. Sou chato assumido nessas situações. Péssima companhia. Afinal, o trânsito carioca não permite planejamento nem controle.

Mesmo na condição de ex-pão-duro em reabilitação, minha pressão arterial ainda sobe junto com os valores do taxímetro. Especialmente em distâncias mais longas, como o trajeto casa–aeroporto. Prefiro o ônibus. Em meia hora tudo pode mudar na Linha Vermelha. Chego cedo ao Aeroporto Santos Dumont (doméstico) e espero o transporte para o Galeão (internacional). Horário marcado e nada da Bruna. Ligo, ligo e não sou atendido... Os minutos passam e o motorista se prepara para partir. Ela, tão organizada na maioria das coisas, tão negligente em outras... Lembro de um exemplo formidável, protagonizado pelos pais de uma amiga, ambos suíços. Ela até participará desta história, será apresentada mais adiante. O pai é precavido, prefere chegar cedo e não arrisca diante do imprevisível trânsito brasileiro. A mãe, mais flexível e ousada, gosta de emoções fortes na vida. Depois de décadas juntos e talvez mais de uma centena de viagens, chegaram a um acordo: encontram-se no avião. Cada um assume seus riscos e atua de acordo com as suas preferências. Todos felizes, a viagem segue tranquilamente. O que pode parecer estranho é um segredo de convivência! E eu pensava em adotar a estratégia ainda pouco antes do primeiro ano de relacionamento, logo na nossa primeira viagem internacional juntos!

Estava ansioso e indeciso. Melhor seguir sozinho agora que reclamar durante todo o trajeto e começar a viagem com o pé esquerdo. O direito (sim, o pé!) ficaria em evidência em breve, logo na segunda escala. Mas não quero antecipar as coisas... Motores ligados, faço a última tentativa telefônica. Nada... Na inércia, decido encontrá-la no embarque. Tento relaxar e coloco o fone de ouvido. O ônibus para logo no primeiro ponto e surge uma menina magrinha, de cabelo curtinho, muito curtinho, com uma mochila grande nas costas e um casaco nos braços. Era a Bruna.

– Oi! Então vamos juntos?

A maioria das colegas de gênero levaria mais bagagem para um fim de semana na praia. Não são muitas as mulheres que fazem uma viagem internacional sem despachar malas! Nas mãos, exibia um documento com impecável planejamento de viagem. Roteiro detalhado, com dicas e informações logísticas. Encadernação e fotos eram o requinte. Mas a nossa agenda era flexível.

– Você acha mesmo que tudo vai acontecer assim?

– Sou engenheira: planejar e controlar.

– Minha vida já se mostrou imprevisível. Mesmo em viagens.

– As minhas viagens acontecem como planejado.

Parecia um desafio lançado...

Entre pizzas e sorvetes

Dizem que "quem tem boca vai a Roma". Acho que é uma adaptação feminina, diante da preferência delas pelos pedidos de informação e de confirmação do trajeto a cada esquina. Homens, somos valentes, destemidos, teimosos e arrogantes. Claro que achamos o caminho por nossa conta, nem que leve o triplo do tempo e o dobro da distância! Antes de conhecer a capital italiana, aprendi que a frase original seria "quem tem boca vaia Roma". Não importa. A boca foi amplamente utilizada no sentido alimentar. Estamos no meu paraíso gastronômico! Massas e sorvetes. Eu conheci a cidade no ano anterior, quando corri a maratona. Lembra?

Não tenho problemas de adaptação com fuso horário, mas acordar às 5h30 logo na primeira manhã seria radical. Posso correr maratonas e além, mas "uns 20 ou 25 quilômetros" é bastante sim! Negociamos o horário previamente, a distância seria decidida na hora. Calor? Sim, infernal. Mas depois que ela ouviu meus relatos da Comrades, reclamações estavam proibidas. A camisa do Chão do Aterro passeou pela cidade, fora de uma prova oficial, naquela manhã. Muito legal!

Aconteceu na viagem de férias. Assim, sem qualquer aviso prévio, sintoma ou sinal de dor. Foi a primeira vez que tomei anti-inflamatório via oral. Já tinha usado pomada e adesivo, nunca comprimidos. O pé saiu do tênis nitidamente inchado. Eu não podia identificar tendões ou veias. O contraste com o esquerdo era a garantia de que algo precisava ser feito. Dias depois, conheceria o verdadeiro significado do termo disforme... O roteiro previa muitas andanças. Eu precisava me recuperar logo.

Partimos do Rio no dia 30 de agosto. O calendário apontava para a Maratona de Wachau (arredores de Viena) dia 15 de setembro. Leves descidas, clima perfeito. *Doping* altimétrico! Os ventos das aulas de vela – mais uma experiência esportiva! – não permitiram a melhor preparação, os longões em ritmo de prova, mas eu estava pronto para correr rápido, às margens do Danúbio. E um tal de Marco Barcelos já estava conformado: ele recuperava a marca nos 10 quilômetros e talvez na meia maratona, perdia na Maratona. Troca justa. Ele ainda argumentou com ironia:

– Você não vai correr com a Bruna, fazer um belo passeio com vídeo pelo Danúbio?

Era quase uma súplica desesperada para manter o próprio recorde.

Não treinei bem, mas o suficiente. A marca vigente quase havia sido superada, mesmo em condições adversas em Curitiba. Eu continuava longe das míticas três horas, mas acreditava próximo das 3h 20min. Agora precisava combinar com o meu pé. Estranhamente, eu não sentia dor. Leve incômodo ao descer escadas e pronto.

Jantar de massas é tradição na vida dos corredores, mas se entupir de massas por refeições seguidas até paralisar o intestino não era inteligente. Eu era um turista que, por acaso, participaria de uma corrida. Sem pressão de resultado, curioso para conhecer minhas possibilidades. Seguindo viagem, descobri o que significa estar "sob o sol da Toscana". Que calor! Digno da ex-colônia Etiópia. Evito corridas e caminho normalmente. Dias depois, sinto leve incômodo no tornozelo e na canela. Coisa de quem está preocupado com o inchado do pé.

La seteníssima

La Sereníssima – Legião Urbana

Ah, Veneza... Linda, romântica... A primeira coisa que fizemos foi andar de barco. Gôndola? Huuummm... Não exatamente... O passeio foi de "ambulancha". Creio que não existem muitos lugares no mundo onde se chega ao hospital de barco-ambulância. Era necessário. A cadeira de rodas que me levou no trajeto hotel–barco era uma mistura de carrinho de mão com aqueles suportes que levavam a realeza em longas viagens. Para curiosidade geral das multidões de turistas.

Num hospital onde predominam os estrangeiros, o inglês dos médicos ficava entre o razoável e o médio. Faço mímicas, uso portunhol – eles entendem melhor espanhol que português – apontamentos e espero ser entendido. Não! Eu não sei italiano, mas entendo razoavelmente o que eles falam. Eu não me machuquei depois de uma maratona de 30 quilômetros em Roma! – eu queria protestar.

Trombose! Foi o diagnóstico preliminar. A conferir com o exame de sangue. Angiologista e exame de imagem, só dois dias depois. E a espera seria internado. Algum cidadão de boa vontade resolve antecipar informalmente o exame e observa artérias e veias em perfeitas condições. Meu palpite era infecção. Estava quente e vermelho, escalava pela perna.

Exatamente como a Dra. Mara explicou pelo telefone quando consultada dias antes. Aqui entra na história a filha do casal que se encontra no aeroporto. Após a Itália, o roteiro mostra quatro dias em Zurique, na casa dos meus amigos Rodrigo, Mara e Bruno.

Pensando em problema ortopédico, eu tinha usado gelo e depois água quente. Acho que o calor criou condições ideais para o acasalamento bacteriano, com multiplicação. Falo em sentido figurado, sei que minhas inimigas preferem a reprodução assexuada. Um raio-X seria esperado, afinal, depois da "maratona de 30 quilômetros...". Aguardo o infectologista e ele concorda comigo. Confesso que uma contusão de corrida me colocaria no grupo de pessoas "normais". E eu estava até gostando da novidade. A maioria dos meus colegas de esporte lida com contusões regularmente. Eu era mais um. Essa naturalização trazia algum conforto. Enfim, um problema normal. Minhas convicções de treinos permaneciam inabaladas, mas acidentes acontecem.

Os resultados negativos para trombose surpreenderam os médicos. Até a febre baixa era um indicador compatível. Eles retornam ao ponto inicial e fazem várias perguntas básicas. Quem ficaria com o pé inchado cinco dias após picada de inseto? Piorou ontem, lembra? "Sem inseto, sem contusão foi a resposta". O resto, só vontade e pensamento.

Medicação prescrita, eu recebo alta. Pronto, estava liberado!

– Como volto pro hotel?

– Você pode andar, só vai sentir dor!

"É, palhaço... Eu gostaria de voltar correndo, mas acho que não consigo! Não conheço a cidade, não consigo andar. São argumentos suficientes. Posso esperar, tenho tempo." Não era tão trivial assim... Além de uma dor quase incapacitante, eu não conhecia a cidade. Veneza não é grande, mas forma um labirinto para os forasteiros. Não é possível pegar um transporte que o deixe exatamente onde quer, caminhadas são inevitáveis. Naquele momento eu estava sozinho – Bruna tinha ido ao hotel buscar algumas roupas para um possível pernoite –, e sem mapa.

– Eu preciso de uma ambulância.

– Ah, pode demorar, não é prioridade.

– Sem problemas, posso esperar. Tenho bastante tempo.

Alguns maqueiros debocham do meu pedido e eu ignoro. Tinha preocupações mais relevantes naquele momento. Conseguir dar alguns passos rumo ao banheiro não significa que eu era capaz de me movimentar pela rua. Em meia hora chega o meu transporte e retorno de "ambulancha". Um dos paramédicos conhecia o Brasil e entendia bem português.

A prescrição incluía dois antibióticos, sendo um deles tomado a cada três dias. Como leigo, achei incomum. Até consultei pessoas no hostel para confirmar a tradução, prevenindo eventuais falhas de comunicação. Os antibióticos eram os meus "Aliados". Era o meu dia D, a invasão da Normandia. Era preciso retomar território. Sofri um ataque relâmpago ao estilo *blitzgrieg*. Não ao estilo *punk rock*, falo dos alemães no Norte da África. Fui tomado de assalto. E precisava reverter a situação, lutar uma guerra de reconquista. Se água quente foi inimiga, gelo poderia ajudar. Pura medicina AlvaroReisiana. Não posso comprovar que causou baixas no inimigo, mas levanto o moral das minhas tropas.

Eu tinha um problema potencialmente grave. Mas o problema das bactérias era ainda maior, elas escolheram a perna errada para atacar. Sinto que verdadeira guerra está em andamento. O controle inimigo era inaceitável. Era reagrupar e contra-atacar. Os primeiros dias foram de vitórias em batalhas na região da canela. O pé era o QG inimigo. Será o genocídio das bactérias, o triunfo da penicilina. Uso armas de destruição em massa sem piedade. Era a Guerra Total do General Carl Von Clauzewitz, da ex-vizinha Prússia. Ainda em solo italiano, pós-Florença, eu deveria usar os conselhos de Nicolau Maquiavel... Chega de exemplos militaristas! A Bruna deve ter continuado a leitura apenas para reunir munição, digo, argumentos para reclamar do viés!

Os primeiros passos eram torturantes. Uma vez em movimento, o corpo entrava em algum tipo de inércia e a dor era suportável. Pausas rápidas como para abrir a porta e efetivamente fazer as necessidades eram terríveis. O pior momento era o inicial, colocar o pé no chão e ficar de pé. Eu suava só de lembrar. Qualquer coisa pelo caminho era um suporte. A cabeceira da cama, pia, porta, paredes. Em Veneza não seria possível comprar bengala, muleta ou qualquer auxílio similar. Eu prolongava ao máximo a hora do banheiro. O simples trajeto da cama até ele, fora do quarto, na outra ponta do corredor, era um suplício. Mais dolorido que qualquer corrida. Uma dor dilacerante que subia pela perna. Eu temia um diagnóstico ainda mais grave. Estava preocupado.

Banheiro ocupado foi a pior situação. O que fazer, esperar de pé ou voltar e reiniciar o processo? Depois de um dia de repouso e medicação, observo alguma melhora. As dores continuam, mas em menor intensidade. Eu não tinha restrições médicas e queria conhecer a cidade que a minha janela mostrava. Era uma pintura viva, um filme.

A etapa italiana foi devidamente aproveitada. Massas, passeios, tudo. Mesmo Veneza, nas aventuras narradas. Consegui fazer caminhadas curtas e visitamos principais pontos. O tal vaporeto não era tão exclusivo quanto a minha "ambulancha", mas era sinal de melhora.

Adiante...

Vida e viagem que seguem, ainda que a passos lentos e com dores. Eu estava melhorando e retomar as férias era o que eu mais queria. Deixaríamos Veneza, rumo a Zurique, num trem via Milão. Desde o Brasil, a Bruna estava preocupada com esse trecho. A conexão na capital mundial da moda era um risco logístico. Como mitigá-lo? Eu argumentava que "se é vendido um bilhete naquelas condições, a conexão não seria um desafio". Especialmente o transporte é mais organizado naquela parte do planeta. Dores de cabeça para a Diretoria de Planejamento e Controle. Muitas (auto) horas de consultoria especializadas foram consumidas. A Bruna foi à estação confirmar detalhes e verificar a necessidade da troca do nosso código, recebido por e-mail, por um outro bilhete. Em condições normais já inspirava cuidados, agora com a minha locomoção debilitada, era gargalo para gerente nenhum botar defeito! A demonstração, em papel, dos bilhetes era suficiente. Estratégia revisada e atualizada. Fui orientado a caminhar dentro do trem para ganhar tempo na chegada. O controle definiu a melhor rota e assim foi feito. Pressão total. Lembro de uma corrida que fizemos juntos em outubro de 2012, o Mountain Do – etapa Lagoa da Conceição. Estávamos preocupados com o desafio logístico, um corre o trecho, passa o carro etc. Ao final, a transição foi moleza, a prova foi duríssima!

Sucesso! Rapidamente acomodados, agora é olhar a paisagem. As caminhadas são sofridas, minha perna dói. A mente não relaxa. Chega o controlador de bilhetes e mostramos uma das páginas do nosso célebre documento de planejamento de viagem com os dados do trajeto, códigos e outras informações. Ele se agita, reclama, gesticula e protesta. Era o comportamento italiano caricato. Diz que aquilo não era suficiente. Segue, retorna e depois parece desistir da gente.

Observo os lagos. Minha perna dói. A mente não relaxa. O bilhete pode não estar resolvido. Não aprecio a jornada. Só quero a linha de chegada. Na fronteira, desce a tripulação italiana e sobe a suíça. Bilhete resolvido? Provavelmente... Pouco depois entram alguns policiais e nos abordam imediatamente. Pedem documentos e eu me preocupo com a história da passagem. Eles perguntam nosso destino, eu demoro alguns segundos e gaguejo na resposta. Pronto! Agora eles perguntam pela bagagem e mais coisas.

Era uma inspeção de rotina. Como estávamos ao lado da porta, fomos os primeiros. A gaguejada provavelmente motivou a pergunta sobre bagagem, mas não houve desdobramentos. Um pequeno susto para uma cabeça preocupada com a perna e com o bilhete. Observo os lagos. Minha perna dói. A mente não relaxa. O bilhete pode não estar resolvido. Não aprecio a jornada. Só quero a linha de chegada. De novo.

É a vez do bilheteiro suíço. Em poucas palavras: *ticket*. Mostramos o nosso papel com informações e ele simplesmente repete: *ticket*! Pedimos para explicar e ele reponde que não fala inglês. Estava criado um impasse. Ele exigia pagamento de multa e compra de nova passagem. Total de algumas centenas de euros, ou várias centenas de reais. E o sujeito era a autoridade ali.

Mais do que irredutível ou desinteressado pelas nossas explicações, não havia diálogo. Impossível acreditar que um poliglota que trabalha num trem internacional não fale inglês, além de meia dúzia de frases básicas. Era nítida má vontade. Quem fala alemão já nasceu protocolar... Depois de alguns momentos de silêncio, ele retoma:

– Eu falo alemão, francês e italiano. E vocês?

São as línguas da Suíça, nenhuma surpresa. Eram detalhes demais pra explicar com mímicas ou misturando idiomas. Nenhum colega dele falava inglês? Como seria possível?

– Falamos inglês, que é uma língua quase mundial, espanhol e... somos do Brasil, falamos português – completa a Bruna.

– Eu... eu falo português!

E assim, desenvolvemos a conversa em bom português. Falamos devagar e conseguimos comunicação. Ele não gosta da nossa história, reclama, faz perguntas, mas acaba aceitando depois de ler todos os detalhes sobre a viagem como números, códigos e afins. Mais uma história cheia de surpresas.

Era 11 de setembro de 2013. Cronologicamente, temos: 40 anos do Golpe Militar no Chile; 32 anos de Alvaro Reis, 12 anos do ataque às Torres Gêmeas e o contra-ataque das bactérias. Na noite anterior, observei possíveis sinais de problemas, mas meu ângulo de visão era fixo e longe do ideal. Comportado, abusei dos bondes suíços. E me "autopresenteei" com um assessório quase indispensável para o momento: um bastão de caminhada em trilhas, usado como bengala. Pouparia meus aliados de combate. A dualidade do equipamento me trazia algum conforto. Afinal, uma vez recuperado, poderia utilizá-lo em travessias ou corridas em trilhas. Muletas apenas auxiliam quem tem necessidades especiais. Pequenos detalhes, sutilezas, preciosismos que recuperam a autoestima. Eventual bobagem para um observador, tábua de salvação para quem vive o drama.

Rápido passeio às margens do Lago Zurique e ótimo almoço. O presente, grego, receberia no dia posterior. Eu nitidamente sofria um contra-ataque inimigo. A alternativa para aumentar o calibre das Tropas Aliadas era o hospital. E assim foi feito na manhã seguinte. Internação e antibióticos na veia. Quando se está num dos países mais caros do mundo, a questão financeira não é desprezível. O depósito inicial para o atendimento foi de $ 600,00 francos suíços. Um aperitivo, digamos assim... "Não se preocupe, seu caso exige internação. Você será tratado. Depois falamos com a Seguradora. Em último caso, vemos quanto pode pagar."

Quem tem os mais tradicionais bancos do mundo entende de dinheiro. Na Itália, a saída do hospital estava condicionada à entrega de uma via do comprovante de pagamento ao guarda da porta. Aqui, eventual conta seria enviada para a Rua Andrade Pertence, Catete, Rio de Janeiro, Brasil. Mais precisamente, minha casa!

Estava em Zurique, mas sem apetite para chocolates. Acho que meu caso era grave! Estou numa enfermaria com três camas. Ótima infraestrutura. Herr Speck fala alguma coisa de português. Não quero fazer amiguinhos, estou mais introspectivo que o normal. Digo, que o meu normal. Estou na ala dermatológica. Apenas eu passo o fim de semana ali. A Bruna passa a maior parte do dia comigo e dorme na casa dos meus amigos.

O cardápio é digno de restaurantes: comida mexicana, batata frita, sorvete... Tudo de excelente qualidade, especialmente o queijo do café da manhã. Quando me perguntaram se eu tinha alguma restrição alimentar, lembrei de falar que não como carne de porco. Nunca imaginei que me servissem esse prato num hospital, mas como esse pessoal que fala alemão tem uma alimentação diferente da minha, preferi não arriscar. Poucos dias depois, recebo um lombinho, acompanhado do comentário "ah, você não come, né?". Acertou! Ofereceram para trocar, mas o meu apetite pelos acompanhamentos era maior. A rotina de paciente internado é ruim. Longe de casa, é péssimo. Comunicamos em inglês. Meu alemão se limita a algumas frases simples e a versão local, suíço-alemão, é bem diferente. Compreendo apenas palavras soltas, números.

Foi bom ver a minha perna novamente. Restando alguns enclaves inimigos, era o momento de organizar a tropa. Guerra Total. Sem cessar fogo, prisioneiros ou negociação de trégua. A coceira é avassaladora, o que parece bom sinal, evolução. Foram vários dias preso à cama. Necessidades fisiológicas nº 1 eram ali mesmo, no tal patinho ou compadre. A nº 2 não se manifestou por longo tempo.

Estou melhorando. O suficiente para retornar ao Brasil e concluir o tratamento. Era uma "alta temporária". Para completar o quadro, desenvolvo uma reação alérgica ao antibiótico. Conseguimos trocar as passagens para o dia seguinte com um custo bastante razoável. Minha perna não tem a agilidade necessária na conexão de volta. As longas caminhadas entre terminais nos aeroportos seriam sofridas, sacrificantes. Eu era um passageiro com necessidades especiais. O plano A era regresso para casa dolorido pós-maratona. O plano B era apenas voltar. Tive o auxílio de uma cadeira de rodas e embarque diferenciado. A dor que eu sentia não era aquele prêmio do maratonista, era a insegurança do paciente.

A prioridade nas filas não é apenas conforto, é necessidade. O caminho é mais longo sobre rodas. Após os procedimentos alfandegários, meu embarque é separado. Uma espécie de elevador me conduzirá até a porta do avião. Um duríssimo bate-boca entre a comissária de bordo e o operador da geringonça termina em impasse. Gritaria. Ninguém cede. Prefiro não pensar na minha conexão. O sotaque dos suíços é uma versão suave daquele idioma, mas o sujeito estava furioso. Veias saltavam do pescoço. A disputa era abrir a porta do avião para encostar a plataforma ou vice-versa? Alguém dá uma bronca pelo rádio: a opção do aeroporto vence. Estou dentro. Alguma correria na troca de avião, porém tudo sob controle.

A etapa austríaca dos planos não aconteceu, deixando um sentimento de frustração. Viena, Mozartkugel – excelente chocolate local – e Sachertorte, a melhor de todas as tortas de chocolate, me aguardem! Vamos nos encontrar um dia, quem sabe num mês de abril, com a filarmônica da cidade se apresentando na linha de chegada da maratona local. Viagem adiada, no entanto não cancelada.

De volta ao Brasil, apenas deixo a bagagem em casa e sigo para um hospital. De lá, sou encaminhado para outro, com vagas para internação. Mais antibióticos. Agora falamos em português e posso usar o banheiro. Ganho corticoides e antialérgicos. Fico apertado na calça que poucos dias antes, caía sem o recurso do cinto. O corpo incha em velocidade desconcertante. Um par de dias e as minhas coxas dobram de tamanho, a barriga despenca e cobre a cueca. São litros e litros de soro e remédio. Os corticoides retêm o líquido no corpo. Já vi esse filme e não gostei. Não quero reprise.

Sigo nas mãos de plantonistas. Uns transmitem confiança. Outros... não! Recebo na veia o antialérgico que deveria ser intramuscular. Minha língua enrola, não consigo construir frases simples. Às vezes é melhor não se justificar, meu caro doutor... Nos últimos dias, um deles me aconselha a "fazer exercícios regularmente, eles ajudam a circulação. Faça ao menos caminhadas. O sedentarismo aumenta as chances de problemas." Eu corro. Maratona! São 42 quilômetros. Ele repete argumentos contra o sedentarismo. Tenho testemunhas! Um sujeito assim decide o que pode entrar pelas minhas veias... ai, ai, ai. Agora entendo o que passa na TV, mas a atuação do meu time é incompreensível... Mais cinco dias e estar em casa não é apenas questão de território nacional. Estou de alta!

Não!

Duas perguntas dominaram a sabatina à qual fui constantemente submetido até o final de 2013. Para ambas, a resposta é um sonoro e inequívoco NÃO! Segue:

P 1: Você pegou isso por que correu muito?

N 1: Não! Erisipela não tem qualquer ligação com corrida. Não foi infecção por excesso de treino, porque corri muito! Na mais indireta das correlações, corredores têm usualmente pequenos machucados nos pés que podem ser a chamada porta de entrada para a bactéria. Apenas isso.

P 2: Você certamente pegou isso na África, provavelmente no Kilimanjaro, certo?

N 2: Não peguei erisipela no Kilimanjaro. Ainda bem! Prefiro hospital suíço a curandeiro tanzaniano... A bactéria é, provavelmente, genuinamente carioca!

O tempo alimenta o medo e a insegurança. As raras boas notícias melhoram o humor, renovam planos mais distantes como o *back to back* da Comrades, em 2014. Os de 2013 foram cancelados um a um: perdi as maratonas de Wachau (Áustria), São Paulo e Búzios, além da dupla maratona (uma sábado, outra domingo) do Desafio Praias e Trilhas. No momento, o *back to back* para casa era ótima notícia.

Minha cabeça tinha um problema maior que o da perna. Coloquei a corrida como fonte inesgotável de solução para os demais problemas. Agora, minha vida estava paralisada, congelada. Não era simples abstinência. Minha crise era de identidade. Nunca julguei qualquer corredor pela distância percorrida nem pelo tempo de chegada. Mas minha quilometragem era zero! Eu tinha passado, história. Eu tinha futuro em planos e sonhos. O presente era vazio. Eu voltaria a correr?

O pior momento é quando a barganha toma conta dos pensamentos. O "e se..." é inútil e igualmente perverso. A corrida canaliza energias físicas e mentais. Foi a estrutura que montei para me sentir vivo novamente, é a minha segurança. Correndo, estou saudável. Se não posso correr, estou doente. Cara ou coroa, sem posições intermediárias. Reconstruí meu equilíbrio emocional a partir desse modelo binário. Assim moldei minha autoconfiança na nova vida. Estar impedido de correr era horrível.

Meu humor passou a variar junto com o tamanho do pé ao longo do dia. Quase normal ao abrir os olhos, bem pior à espera do sono que não chegava... Atleta e paciente (às vezes, impaciente!) coabitando o mesmo corpo. De novo. Vidas paralelas com pontos de inflexão e coexistência. O calendário foi muitas vezes irônico: numa semana concluo uma maratona, na outra faço um exame de rotina; um mês corro 87 quilômetros e subo o Kilimanjaro; no seguinte, estou na sala de espera do meu oncologista. É conflituoso. Sou ambos, simultaneamente. Sou o Alvaro, sou maratonista e faço acompanhamento oncológico. Como meu médico brinca, ele não tem muitos pacientes com esse perfil.

Os advogados defendem a verdade do cliente. Analogamente, uma alternativa seria procurar um médico que desse o diagnóstico, ou melhor, o tratamento (com cura, claro!) desejado pelo paciente. Brincadeiras à parte, eu não iria aceitar a situação com estado final. Eu já conseguia realizar todas as atividades sem restrições, mas evidentemente havia um problema! O objetivo era ficar completamente curado. Ou seja, o pé direito feio igual ao esquerdo!

A ansiedade encurtava minhas noites de sono. Eu não tinha mais a valentia das pessoas saudáveis. Esperança e medo duelavam na minha mente e o segundo avançava a cada nova observação da minha perna. A mente entra no detestável estado de barganha. Meu péssimo desempenho num retorno, provavelmente prematuro, parecia comprometer completamente o 2º semestre. Até a Comrades 2014 estava sob risco. Eu precisava visitar um angiologista, entender a situação. O estresse era grande, eu me sentia preso a uma nova realidade.

Se o câncer foi, de alguma forma, assintomático, a abstração dos números numa folha de papel, agora era diferente. Nenhum passo era natural. Procuro novamente o Daniel, meu oncologista. O problema era distante da sua área de especialidade, mas eu precisava de alguém de confiança, que me ajudasse a juntar as peças. E a combinação antibióticos + corticoides é parte do seu cotidiano. No mais, ele conhece meu histórico de saúde, atua como meu clínico geral.

– Sempre falo das suas corridas, você não pode se machucar, hein!

Procuro um angiologista e encontro respostas evasivas. A injeção indicada ajudou um pouco, apenas isso. Sigo minha peregrinação. Os dermatologistas, grosso modo, podem ser divididos em dois grandes grupos de especialização: (a) estética; (b) doenças. O primeiro grupo tem glamour e prestígio, dinheiro. O segundo vê coisas feias, daquelas que fazem candidatos ao curso de medicina escolherem outra carreira profissional. Eu precisava de um especialista (b).

Não precisa ser doutor para concluir que a corrida exige mais trabalho no meu retorno venoso debilitado. Eu sabia, mas era daquelas verdades inconvenientes diante da qual preferimos muitas vezes fechar os olhos. Aceito reduções drásticas no volume, substituições, porém não posso permitir exclusões. Quando o cenário alternativo envolve parar de correr...

– Gosto muito de correr muito.

– Eu não corro, mas tenho amigos que correm. O que você chama de "muito"?

– Gosto de correr maratonas. E já corri provas maiores.

Não precisei explicar o que é maratona etc. etc. etc. Uma grande coisa. Achei melhor deixar em aberto, a gosto da imaginação alheia, o que seriam "maiores".

Eu estava triste, inseguro. Tinha medo e dúvidas. Diversas especialidades, nenhuma solução. A erisipela comprometeu – ao menos temporariamente – minha sensação de liberdade em viagens e atrapalhou minha maior fonte individual de felicidade, a corrida. Pouco antes do Carnaval de 2014, os peixes e as cachoeiras de Bonito e do Jalapão ajudaram a recuperar as emoções.

No meio do caminho tinha um fisioterapeuta

Eu estava resignado. Ou quase. O tempo passava... dias, semanas e depois meses. E a situação do meu pé era estável. Não havia piora, argumentaria um otimista. Os problemas eram nítidos para qualquer leigo. E para um corredor, ainda que amador, o pé é uma das engrenagens no nosso instrumento de diversão.

Estava começando a seguir um bom conselho: havia um novo estado a ser considerado "normal" para o meu pé. Sem ressentimentos. Afinal, eu podia correr, o incômodo era superável, que eu tratava como mínimo, quase desprezível. As perguntas sobre as suas condições do pé ainda eram frequentes e os interlocutores ouviam a mesma resposta. Um blá, blá, blá, enrolado, repleto de "nãos" e "poréns". Chato para quem fala e para quem ouve.

No insano calor carioca de 2013–14, eu evitava as corridas matutinas nos locais tradicionais. Ou treinava nas ladeiras arborizadas ou seria coisa rápida. Naquele dia, um domingo, abri uma exceção. Acho que foi alguma medida de saudade, saudosismo, e segui para o Aterro do Flamengo. Depois de alguns quilômetros, encontro o Ranulfo. Carismático e popular, com a sua imbatível capacidade de agregar pessoas, em poucos quilômetros já formávamos um pequeno grupo, um pelotão de corrida.

– Esse é o Marcelo, entrou ontem no Chão, ele apresenta.

O novato era muito animado, falando compulsivamente. Várias histórias e fotos. Fico sabendo que o sujeito era fisioterapeuta e me interesso pelo perfil, afinal um corredor entenderia o meu drama!

– Eu tive erisipela e meu pé não ficou completamente bom. Você tem experiência com drenagem linfática?

– Claro, amigo! Já acompanhei muitos casos e tenho curso na área.

Enfrento o calor e adio o meu retorno. Eu precisava de mais informações. Médico vascular, acupuntura e dermatologista tiveram resultados limitadíssimos. A drenagem linfática tem muitas vezes fins estéticos, não foi simples conseguir uma indicação diferente. Talvez fosse minha última alternativa, a bala de prata.

Um sujeito que surge ao acaso, através da corrida e com experiência compatível. Ótimo! "Esse é o cara, vai dar certo!", era o pensamento. Em casa, tratei de procurar Marcelo Alves na rede social. Nada... Ninguém com aparência semelhante ou contatos em comum. Droga... À noite, sou adicionado por Celão Bolt. "Que p... é essa?!" E com foto de um cachorro no perfil! Era o sujeito que colocaria meu pé na forma. Se não no aspecto futebolístico da expressão, ele se aproximou do normal, passou a assustar menos.

Sempre atrasado, nas consultas o sujeito alterna quase que instantaneamente a formalidade do profissional com a intimidade de velho amigo, mesmo com apenas poucas horas de convívio. Aperta, puxa e estica. Aloooonga... Coloca calor, frio e calor. Choques. Aperta, puxa e estica. Aloooonga... Coloca calor, frio e calor. Choques. Em pouco tempo redescobri os tendões. Ao menos na alvorada. Quase exterminei meu banco de horas no trabalho e passei longe da academia. Eu tinha uma prioridade.

Levei o sujeito para alguns treinos longos e ele acabou se motivando para algumas provas. Não fiquei completamente curado, é verdade, mas a evolução foi fantástica. O pé estava bom o suficiente para iniciar a preparação para o retorno na Comrades. Sou muito grato. Eu achava que a meia de compressão tinha se tornado acessório tão importante quanto o boné. Errei. É como cueca, com ou sem corrida.

CAPÍTULO VI

SEM LIMITES

Tempo Perdido – LEGIÃO URBANA

I will be back... to back!

Era um dia importante. Então, escolho vestimenta compatível, meu traje de gala. Coloco minha camisa de corrida personalizada (aquela rubro-negra, com o desenho de corredor e a bandeira do Brasil), minha melhor meia de corrida, o tênis em melhor estado, um short com história e o boné da Comrades. A perna direita – e apenas ela – ganhou uma meia de compressão. Não era uma própria de corrida, mas cumpria a função antes da nova aquisição. A fisioterapia mostrou excelentes resultados, então obedeço e aceito o novo acessório. Era suficiente? A conferir...

Inscrição feita para garantir a vaga, passagem comprada para minimizar os danos financeiros da inflação da Copa, faltava um pequeno detalhe: como o meu pé pós-erisipela reagiria depois de uma corrida longa? Eu já tinha superado os 20 quilômetros, mas não era suficiente. Eu precisava de um teste de verdade, compatível com os 89 quilômetros do desafio.

A cabeça estava agitada, o corpo cansado pelas poucas horas de sono. O forte calor prejudica o treino e o descanso. Estou desperto antes do sol. Espero as luzes do dia e inicio os trabalhos. A mochila de hidratação abastecida e com muito gelo. Um dia especial merecia registro. Assim, retomo os meus vídeos.

Sigo até a Rua Alice e ali começa a brincadeira de verdade. Escolho o tradicional roteiro pela estrada do Sumaré. O passeio não acabaria nas Paineiras, como de costume. Sigo até o Alto da Boa Vista. Reabastecido, rumo à Mesa do Imperador e à Vista Chinesa. Se você não conhece nada do trajeto, não se preocupe. Busque o vídeo e apenas siga as imagens. Elas mostram horas comprimidas em minutos. Tentar a temida subida da Vista Chinesa, voltando parte do percurso, era uma opção, mas um compromisso pós-treino me salvou do exagero. Ufa! Nada como uma boa justificativa... Completo esse treino nos próximos meses.

Foram quase 40 quilômetros, sem controle de GPS ou cronômetro. Sucesso! Com o auxílio da meia de compressão, o pé direito entrou e saiu do tênis com a mesma aparência. Não houve inchaço extra ou ele foi mínimo! E ter o pé em boa forma é fundamental se a proposta é correr por até 12 horas seguidas. O treino recuperou minha confiança, estou pronto para iniciar o desafio da preparação.

Provavelmente você não entendeu perfeitamente o título. Piada não se explica, mas um trocadilho que só o autor entende é, no mínimo, egoísta. Vamos a ele: a primeira parte é referência ao clássico "eu voltarei", do ex-governador e ex-terminador. E o *back to back* é a expressão usada para a segunda participação consecutiva na Comrades. Ligando os pontos... Comrades, eu voltarei para completar o retorno.

O Purgatório

Dizem que o inferno é muito quente e que o seu Comandante não é boa gente. A metáfora associada ao esporte normalmente destaca o sufoco da prática realizada sob altas temperaturas. Outros atletas de condições extremas garantem que as maiores dificuldades climáticas estão no frio ou no mar. Pouco importa, não há resposta certa.

O inferno não se apresenta quando nos são impostas dificuldades muito duras – isso se chama desafio! – mas quando são retiradas as nossas energias para lutar. Para ser preciso, entre provas e expiações, eu me sentia no purgatório. A mente negociou com o corpo passo a passo e, juntos, enfrentamos a batalha.

A ideia era um treinão de luxo, preparatório para o retorno à Comrades. Escolhi uma prova de 50 quilômetros em trilhas como cenário para o treino. Nos dias anteriores, tive escassas horas de sono e uma alimentação precária. Era a combinação perfeita para o caos. A minha proposta de treino superava um pouquinho a distância da prova, então me organizo para finalizar o "aquecimento" na linha de largada. Por favor, longe de subestimar o desafio. Sim, respeito cada quilômetro!

A chuva ao despertar tinha desaparecido e o dia era perfeito. "E se eu corresse forte? Nem pense nisso, não deveria pelo treino previsto e pelas condições de partida." Era o diálogo interno. Estupidamente, sigo o roteiro previsto, incompatível com as condições de momento. Depois, eu saberia que estava muito pior. Meia pizza, um pastel enorme e alguns pães de queijo não eram exatamente o que os nutricionistas chamam uma boa alimentação antes de uma corrida longa. O pedaço de pão, como café da manhã, não fez muita diferença.

Sim, fez calor aquele dia em Paraty, mas se eu destacar esse ponto, dirão que sou fresco. Especialmente porque São Pedro poucas vezes foi tão amigo dos corredores, mesmo para a minha sensibilidade sempre assumida. Fosse a prova na véspera, eu estaria cozido ou frito. Vivemos algumas horas quentes, mas não podemos reclamar do clima, apenas da organização da prova. Não houve surpresa, entregaram o prometido, mas foi claramente insuficiente.

No décimo primeiro quilômetro da prova, o meu décimo sétimo, surgem os primeiros sinais de problemas. Procuro a barra de chocolate e como alguns pedaços sem muita vontade. O caso parece realmente grave! Chocolate como mera fonte rápida de energia??? A brincadeira acabava de começar. E ainda faltavam 39 quilômetros! A respiração era difícil e pesada. Decido caminhar em qualquer inclinação positiva, correr na negativa e fazer o possível no eventual plano. Na primeira subida exigente, encontro um colega:

– E aí, Alvaro! Firme e forte?

– Não! Não tô legal hoje...

Ele fala alguma coisa como "seguir com moderação" e eu procuro atender. Não era opcional... Recordo os desafios na altitude do Kilimanjaro e o quase mantra *pole pole* (devagar!). Quando as lembranças passam pelas comilanças oferecidas pela equipe de guias e carregadores, mudo de assunto. Eu tinha fome e sede. Racionalizo o uso do gel de carboidrato e fico feliz por ter levado extras pela primeira vez. A temperatura levanta a coluna de mercúrio dos termômetros e derrete o restante do meu chocolate. Os dois litros de água inicialmente disponíveis na minha mochila pareciam evaporar! Pouco depois, meu estômago dói. Eu só não queria vomitar. Não havia matéria-prima disponível para a produção, seria uma destruição psicológica e aumentava o risco de desidratação. O problema de seguir lento é que aumento o tempo total de esforço, gerando outro tipo de desgaste. Era difícil, ao menos coerente com o treino planejado.

Eu estou na retaguarda, com os problemas característicos do grupo: sofrimento, dor e quebras, com efeitos potencializados pelo desabastecimento. No km 40, pergunto por água ao pessoal que aponta o caminho; respondem que faltam cinco quilômetros, mas "tem uma cachoeira logo adiante". Eureca! "Eles recomendaram pastilhas purificantes, era mesmo parte do plano!", penso. As pernas reclamam muito do agachamento para conseguir beber, mas a sede era maior. Consegui uma sobrevida. Comprei bebidas na primeira venda que encontrei na sequência. Eu e muitos outros.

Os fotógrafos nada entendiam quando eu pedia que não registrassem o momento. Conversei com um deles ao final e expliquei que desempenho pouco importava, diante da argumentação dele de que eu corria e estava muito bem. Alguém busca lembranças de dias tristes?

Ao finalizar um desafio desse porte, o corredor deve estar feliz. O cenário era lindo, mas os problemas foram muitos. Eu só queria acabar aquela coisa. Foi a primeira prova longa que eu aguardei ansiosamente pelo fim. Alegria? Sim, alguma. Toda linha de chegada merece um sorriso, mesmo eu não sendo exatamente um especialista no assunto. Muita luta, muita determinação. Fiquei orgulhoso do meu esforço. Seria um desempenho bom em condições normais, considero excepcional naquele dia.

Você pode concluir que meus erros preliminares determinaram meus problemas. Influenciaram, sem dúvida, entretanto informo que minhas pernas voltaram subitamente depois do último posto de água e isotônico.

Corri muito bem o trecho final. Mágica ou combustível? Minha mochila sempre me atendeu em trechos isolados do Rio. Lá, fui atendido pelo rio... A marcação dos quilômetros era altamente duvidosa e meu GPS apagou antes. Ah, entre outros erros, ele não havia sido carregado adequadamente! Um colega de prova me informou 51,8 quilômetros totais. Na minha conta pessoal, 58 quilômetros. Mais um passo para a Comrades!

Finalizando um dia inesquecível, enrolo uns 40 minutos para tomar um açaí numa loja lotada. Eu tinha conseguido uma vaga ao lado da televisão e o Flamengo poderia mitigar as minhas perdas diante de um tradicional freguês. Algumas chances de lado a lado. Praticavam um esporte que, se melhorado, poderia se aproximar de um futebol mal jogado... Pelo horário do ônibus, eu perderia os minutos finais. O empate era título nosso. Passando dos 30 minutos do segundo tempo, pênalti para o Vasco e gol deles. Com essa informação, embarco de volta para o Rio e com o celular descarregado.

Ver uma mensagem de "vice de novo" no celular do sujeito da frente no ônibus foi o momento de alegria do dia.

Plano A, Plano B

> "A parte mais empolgante do treinamento para Comrades é sentir o corpo se fortalecendo a cada semana."
>
> Dionísio Silvestre, ultramaratonista e colega de Comrades

Um bom plano tem sempre uma solução alternativa. O objetivo é fazer a melhor escolha em cada situação. Aprendi, ao menos em teoria, com Charles Darwin: "quem sobrevive não é o mais forte ou o mais inteligente, mas o que melhor se adapta às mudanças". Espero que o meu pé tenha ensinado isso à Bruna, ao menos nos roteiros de viagem!

Eu tinha estratégias distintas para o dia, de acordo com o termômetro. O desejo pessoal era fazer logo os 65 quilômetros, o maior dos treinos. Era uma data especial, meu último aniversário alternativo em 21 de abril. Em setembro, eu esperava recuperar o meu dia de parto. A data do renascimento seria uma lembrança apenas. Junte essa informação com histórias já contadas e entenderá ao final, na sequência dos acontecimentos.

No Rio, os dias bonitos não gostam dos corredores. Ou, dito de outra forma, quando eu corro, não gosto de dias ensolarados. Já ouvi dos críticos de trauma a frescura. Rebato que é fisiológico, e que "não me perturbem"! A previsão do tempo dizia "nublado, com chuva a qualquer hora". Acordei e não achei sinal de nuvem no céu. Iniciei com algumas voltas curtas pelo Aterro. Era pouco depois das 6h00 da madrugada e encontrei o Super Mário duas vezes. Previsível...

Sigo pelas ruas de Laranjeiras e encontro alguns amigos do Chão do Aterro no ponto de sempre. Alguns iniciaram as atividades pontualmente às 7h00, outros esperavam algum atrasado. Não era eu o aguardado. Minha ideia era realmente encontrá-los pelo caminho. Seguimos em trio eu, Ranulfo e Flávio. Ouço histórias de corridas no Fim do Mundo (K42–Ushuaia) e trocamos planos futuros. O Flávio fez provas maravilhosas que estão na minha agenda! Ao longo dos quilômetros pela Estrada do Sumaré encontramos vários outros colegas. Depois, nos despedimos na descida para as Paineiras. Eu sigo até o Alto da Boa Vista.

Na praça, faço um generoso e já tradicional lanche de causar inveja ao Marco Barcelos, o glutão das maratonas. No total daquele treino foram dois géis de tangerina e um de baunilha, duas bananadas, dois pastéis de queijo, um isotônico, dois guaranás e uns 3,5 litros de água em cinco horas e 15 minutos de exercício. No imediato pós-treino, ataquei um picolé de chocomenta! Não vou incluir o açaí nem o caldo de cana na esquina de casa, como aperitivo para o almoço.

As nuvens prometidas surgiram. Estariam elas apenas ali, nos morros? O retorno previsto pela orla seria com sombra e água gelada? O desfecho era uma surpresa. A nebulosidade dançava pelo céu, zombando da minha expectativa. Reabastecido, entro um pequeno trecho pelo Parque Nacional da Tijuca, o suficiente para usar o banheiro. Era importante renovar a autonomia da bexiga. Começa uma leve garoa que me anima muito. "Perfeito! Hoje é o dia dos 65 km!" Foi uma súbita euforia. Estava em ótimas condições físicas (era apenas pouco mais de 1/3 do plano A) e muito motivado. Corro alguns quilômetros relativamente acelerados, depois tomo vergonha e encaixo a velocidade de cruzeiro do dia, bem lenta.

Faço uma parada diferente na Mesa do Imperador. Era um dia especial, recém-passados alguns choques. Eu tinha um outro olhar daquele lugar. Não tente entender, é coisa minha. A vista era limpa, sem nuvens. O plano B ganhava prestígio. Isso é o que importa para quem me acompanha aqui. Ciclistas, corredores, patinadores, carros e vans, era um dia de muito movimento.

Aceito os fatos, tentar o plano A aquele dia seria possível, mas indesejado e desnecessário. E correr tanto é sempre um desafio, eu não precisava de dificuldades adicionais. Como eu mando na planilha de treinos – e não o contrário! – sigo para o ponto de ônibus, depois da citada passagem pela sorveteria. Contei 47 lentos quilômetros.

O purgatório paratyense aconteceu numa manhã de domingo. Somei 171 quilômetros corridos em nove dias. Não é exatamente uma marca semanal, porém considero um registro importante. Nunca tinha feito nada parecido. Na primeira preparação para a Comrades, somei algo perto de 135 quilômetros em sete dias.

O Parafuso!

E assim, sacudido por esse pensamento repentino, acordei sobressaltado da minha tentativa de descanso pré-Comrades 2014. Era angustiante, eu precisava encontrá-lo!

A partir da simples iniciativa de correr 89 quilômetros, as pessoas já duvidam da quantidade de parafusos da minha cabeça. Depois desse susto improvável, no mínimo eles estão mal fixados! "Ah, ele achou o parafuso faltante e agora desistirá dessa maluquice!", poderia pensar um engraçadinho... Não exatamente! A explicação leva a um episódio de dias antes. Acompanhe.

Eu e meus camaradas de prova fizemos o *tour* oferecido pela organização para conhecer o trajeto e o museu. Seguimos de ônibus, sob o comando de um veterano. Tom Cottrell já obteve bons resultados correndo e orientando corredores, é mais um apaixonado pela Comrades. Ele revelou a preferência pelo *down run* com uma curiosa justificativa: "a subida te deixa dolorido por dois ou três dias, a descida, por uma semana. É mais tempo mancando. Assim, mais pessoas perguntarão o que aconteceu e eu poderei mostrar a medalha mais vezes!". Definitivamente, não é uma corrida para portadores de parafusos bem fixados e no número adequado. Todos ali sabem disso e recebem a definição de "maluco" como um elogio honroso.

No roteiro, está prevista uma emocionante visita a um abrigo para excluídos. São crianças com deficiências físicas ou mentais, incluindo albinos, que na África foram especialmente perseguidos. Somos recebidos com cantos, danças e sorrisos típicos. Ao final, cada corredor foi presenteado com um pequeno parafuso, em sinal de boa sorte. O novo amuleto deveria nos acompanhar no desafio naquelas montanhas.

A noite antes de uma corrida importante é sempre agitada. Quanto mais cedo começa a programação, pior. O medo de atrasos impede que o corpo relaxe. O despertador tocará às 02h00 de Durban, o que significa 21h00 no Brasil e no meu corpo. Nosso indispensável jantar de massas acabou perto das 19h00 e pouco depois eu já estava esticado na cama. Breve cochilo e... estamos no começo da história. Inicialmente negligente, essa peça foi esquecida na minha arrumação. Depois do susto, fico orgulhoso da minha capacidade de organização – os amigos entendem a ironia! – ao achá-lo rapidamente no local previsto. "Agora estou pronto!" Mas o sono não voltou...

A volta

Era madrugada em Durban. Frio, não fazia. Estávamos num ano quente para os registros usuais. De novo. Um casaco de moleton resolvia o problema. O ônibus fez o percurso de ida parecer fácil. Embarco e lá pelas 4h30 já estou na fila do banheiro químico. Lenta... A maioria guarda a velocidade para a prova e tenta eliminar ali o peso extra. Um cheiro péssimo que continuou na forma de gases pelos primeiros quilômetros. Os intestinos acordavam depois dos respectivos donos... O nosso grupo se dispersa aos poucos e depois do guarda-volumes acontece o desencontro final. Somos três *back to back*, dois estreantes e um mais experiente. Sozinho, me aperto para entrar na baia de largada.

O ritual começa com o emocionante hino da África do Sul. Em poucos versos, são cinco das tantas línguas oficiais. Em seguida, os acordes de Shosholoza chegam pelos ouvidos e eletrificam o espírito. Você está pronto para voar numa corrida de 100 metros, mas o desafio é 890 vezes isso. Maldita matemática...

Um casaco leve, do tipo corta-vento, me acompanhou nas primeiras duas horas. Não era indispensável, mas a estratégia foi acertada. O ritmo lento dificultava o aquecimento do corpo e o vento era gelado. As placas invertidas – mostrando a quilometragem a correr – não me inibem ou impressionam. Na verdade, estimulam ao final. Veremos... As potenciais surpresas de uma corrida longa aumentam a tensão. A ansiedade se transforma em seriedade absoluta. Não tenho a mesma alegria do ano anterior. Largamos lentamente. Escuro, ruas apertadas, buracos, obstáculos diversos pela pista e um pouco de miopia. Sigo com muito cuidado. Os vários dias sem exercícios deixam saudade nas pernas. Elas suplicam por movimento, se agitam perto das subidas. O sentimento é de literal aperto. Muita gente em pouco espaço. A caminhada não é opcional.

Malditas bactérias, em forma de uma então desconhecida erisipela, quase comprometem o retorno. Estou ansioso. Usando a tradicional metáfora, a parte vazia do copo lembra que eu tenho um linfedema no pé direito. A sua condição normal agora é levemente inchado, se comparado com o esquerdo. A parte cheia do copo pisa firme e acelera, eu sou capaz de correr 89 quilômetros! Bom, a minha caneca não estava completa, mas sede eu não passaria!

"Ei! Estou fazendo algo fantástico hoje. Não tenho o direito de fazer cara feia." Respeitando a prova e os meus limites, não havia motivo para preocupação. Eu vivia mais uma realização pessoal em forma de corrida. Concluinte ou não, estou de volta. Uma vitória pode deixar marcas, sequelas, mas ainda é uma vitória. Todos os treinos foram rigorosamente realizados. É hora de exorcizar esse fantasma! Afinal, o pé reclama mais do roteiro RJ–SP–Joanesburgo–Durban de avião que de qualquer corrida.

Passando pela distância da meia maratona, já é possível correr com mais liberdade. Ou, simplesmente correr. Acelero e faço os 30 quilômetros seguintes mais rápido do que seria recomendado, depois de um início arrastado, muito lento. Na chamada milha verde – um longo trecho arborizado e ainda mais animado – uma trilha sonora me lembra outra e a emoção se espalha pelo corpo. *One Love! One Heart! Let's get together and feel all right.* Recupero o bom humor e sigo adiante.

Naquelas redondezas, alguns espectadores informam: "ganhamos a Comrades!" Comemoração generalizada entre os corredores locais. "O cara já chegou e para mim acho que ainda faltam mais de 30 quilômetros..." Eu estava decidido a arriscar um final sub9h. A prova oferece medalhas diferentes e aquela seria uma marca expressiva. Era uma ousadia calculada. Eu estava bem treinado e o tempo era compatível com a preparação. A distância descendo é dois quilômetros maior, mas as montanhas agora empurravam à favor. O clima, se não era o esperado frio, impedia maiores queixas. E correr o *down run* 37 minutos mais rápido que o *up run* é perfeitamente normal. Precisava acelerar ainda mais!

Aos poucos, as ladeiras começam a se manifestar. Primeiro no quadril, depois nas costas. A mesma força da gravidade, que poupa seu esforço cardiovascular, joga ossos, tendões e músculos contra o solo. Velocidade e impacto são diretamente relacionados. Incremente a primeira e vai aumentar o segundo. O corpo discorda da minha meta e aparentemente não permite negociação.

Com alguma dificuldade, passo um brasileiro que me pergunta se vi seus amigos com o mesmo uniforme. Respondo negativamente. Pouco depois, eles me passam. Eu caminho lentamente e recebo um fraternal convite: "vamos!" Formávamos um pequeno pelotão brasileiro (ou ônibus, no vocabulário local). O André alcançava o seu *green number.* Quem completa dez edições ganha uma condição especial de reconhecimento e tem o seu número imortalizado. Compatriotas que nem conheço me recebem como velho amigo.

Em 2013, no Kilimanjaro pós-Comrades, aprendi a expressão *pole pole.* Foi um bom conselho naquela montanha entre o Quênia e a Tanzânia, era bom conselho agora, naquelas montanhas entre Pietermaritzburg e Durban. Quadril, costas e pescoço reclamam mais. O resto do corpo também. Chamei a subida de 2013 de "o mais longo dos dias." Foi para o momento, previsão equivocada incluindo o retorno. O objetivo era chegar em boas condições, feliz. Tempo eu tinha de sobra. Poupo as pernas e me despeço dos brasileiros, novos camaradas de corrida. Eles eram mais rápidos. Aquelas montanhas tradicionalmente punem os ambiciosos. Ganhei recompensa mais valiosa que uma medalha com o nome de um sujeito que nem conheço... A Comrades é sobre camaradagem, não sobre medalhas ou resultados. Fica a lição!

Eu estava na curiosa situação de correr nas subidas e caminhar nas descidas. Nos treinos, subo rápido e desço lento. Se quero fazer alguma crítica à preparação, faltaram treinos morro abaixo em velocidade de prova. Muitos, desavisados, chamam os 15 quilômetros da nossa São Silvestre de maratona. Agora, depois de 74 quilômetros, a distância a vencer era um desafio compatível com a mais tradicional distância. Associo os trechos faltantes a roteiros conhecidos nos treinos (falta uma Lagoa Rodrigo de Freitas, um Aterro...) e sigo. Com a cabeça transbordando pensamentos, me surpreendo com a barreira de dez quilômetros.

Confesso, 2013 foi alegria pura, diversão. O retorno teve seus momentos "meu quadril tá doendo, quero chegar!". Ou, "ai minhas costas, quando acaba essa descida?". A proximidade do estádio da linha final é magnética. Uma força diferente atua sobre as minhas pernas. Acelero, correndo leve. "Ah, como é bom um trecho plano!" O riso toma conta do corpo, antecipando a chegada. Era a conclusão de um desafio iniciado em 2012, com a motivação para a empreitada. Mais de mil quilômetros treinados somando tudo, 176 quilômetros oficiais em duas etapas e três medalhas: a ida, a volta, e a de ida e volta!

Comrades: subi e desci, fui e voltei. Uma emoção que não pode ser compreendida sem as pernas, apenas com olhos e ouvidos. Entre um cochilo e outro, no avião, escuto o Comandante parabenizar os participantes, concluintes ou não. A medalha é a lembrança concreta. Corpo, coração e mente guardam muitas outras. Ah, terminei três minutos mais lento que em 2013, 40 minutos depois das nove horas.

Os duelos

Minha disputa nas corridas é simplesmente individual, quero melhorar minhas marcas pessoais e, principalmente, completar mais maratonas. Os outros corredores são apenas estímulo, "coelhos". Competitividade mesmo, acho que apenas numa eventual reta de chegada, faltando pouca distância.

Eu e um sujeito em particular cruzamos muitas linhas de chegada em comum. O nome sempre próximo no resultado, pouco antes ou depois. A apresentação do Marco já foi feita ao longo da história. Segue agora, digamos... uma análise do perfil. Eu classificaria o cidadão que disputa com os colegas a contabilidade de ingestão de bananas com chocolate em rodízio de restaurante japonês num grau avançado da categoria "muito competitivo". Poderia incluí-lo em outras listas menos honrosas (comer banana e pagar salmão?!), mas vou dar um desconto pela amizade. Em resumo, o exemplo mostra que o Marco gostaria muito de possuir todas as melhores marcas de corrida. Pois é... Como sabemos, a vida é injusta e não temos tudo que desejamos. Uma breve retrospectiva: colega de trabalho, corremos juntos em Buenos Aires e na etapa chilena da maratona de maratonas. De fato, há muita camaradagem e alguma competição, porém a história fica mais atrativa pela óptica da rivalidade.

Durante o tempo que o Marco também treinou com a assessoria esportiva patrocinada pela empresa onde trabalhamos, fazíamos treinamentos diferentes. Ele era mais rápido e tinha melhores resultados em cinco e dez quilômetros, eu era mais lento e mais resistente. O melhor tempo em meia-maratona era meu.

A partir de então, ele decidiu planejar seus treinos por contra própria e evoluiu muito. Fez coisas do tipo correr uma meia-maratona perto de 1h 45min "sem forçar muito" e depois ir passear de bicicleta com a filha. Coisa simbólica... de 20 quilômetros! Na planilha dele, dia de descanso pode significar nadar alguns quilômetros e ou musculação. E foi o único que vi chegar inteiro ao final da primeira reedição da Corrida da Ponte. Em julho de 2011, ele completou a meia do Rio em impressionantes 1h

35min. Um tempo ótimo, evolução excelente, porém o mais interessante não é exatamente a marca. Ele simplesmente manteve o *pace* das suas provas de dez quilômetros durante 21 quilômetros! Definitivamente, isso não é comum! Naquela oportunidade, parafraseei o famoso "Desafio do Portuga". Em Buenos Aires, meu tempo de maratona tinha data e hora para ser superado... Mas, como vocês acompanharam, um *doping* psicológico me fez "acreditar em milagres" e acelerar forte no final.

Em 2012, conquistei todas as minhas melhores marcas. O jogo estava se invertendo. De caçador, estava me tornando a lebre. Eu sabia que precisava aproveitar o momento. Era uma rara janela de oportunidade. O sujeito tem esposa, duas filhas e cachorro. Leva as meninas na escola, prepara o café da manhã, treina... Nos intervalos, trabalha também! Em 2012, achou que a vida estava fácil e começou um mestrado na Fundação Getúlio Vargas. A leitura de lazer dividia tempo com os textos recomendados pelos professores. Insatisfeito, arrumou uma periquita com nome chique, catalop... alguma coisa. Com uma rotina dessas, superá-lo era obrigação moral.

O tempo da maratona ficou com ele (alguns minutos mais rápido, sob *doping* climático), os outros comigo. E aí, eu fiquei congelado. Será que os longos e lentos pré-Comrades atrapalham? Ele evoluindo, se aproximando... Foi poucos segundos mais lento em três oportunidades na meia maratona, enquanto eu passava longe da melhor marca. Finalmente rompeu a barreira do sub-40 nos dez quilômetros e eu ainda tentando voltar ao meu quase "um minuto luz" de diferença. Estávamos empatados: dois recordes com cada.

Então surge na história nosso amigo Ricardo, que tinha ficado de fora da brincadeira depois de longo período de tratamento e de lenta recuperação, acabando com a festa. Pulveriza o tempo da maratona e só não repete o feito nos dez quilômetros porque escolheu mal a prova e acabou atrapalhado pelo trânsito. Muito bem, 2012 está ficando distante... Preciso recuperar a velocidade. E a marca da maratona!

Ah, apenas para registro, em restaurante japonês, eu prefiro ocupar os espaços vazios do meu estômago com peixe. Faz sentido, né?!

É Tetra!

"É Teeeetrrrrraaaaa!! "É Teeeetrrrrraaaaa!!"
GALVÃO BUENO

Beautyfull day – U2

O grupo dividia um táxi: eu, Bruna, Mário, Marco, Ricardo e André. Ainda sobrou uma vaga. Sim, era um carro maior. Mesmo antes de o dia aparecer, o papo era animado, às vezes, em alto volume. A previsão era de tempo ruim no clima, bom no meu relógio ao final. O plano era correr forte, tentar atualizar a melhor marca pessoal. Seria a primeira maratona no máximo desde 2012! Minha preparação pós-Comrades foi deficiente. Eu incluí muitos intervalados, porém negligenciei os treinos ritmo. Estava otimista, mas o sucesso era incerto.

Ouvir o nosso hino nacional é inspirador, o melhor aquecimento. O evento cresce ano a ano. Muitos "meios" tornam-se maratonistas inteiros. Corredores do Brasil e do mundo numa grande confraternização. Leve garoa e algum frio. Iniciada a luta, algumas poças e condições de tempo perfeitas. Depois, chão seco até a chegada. Até a minha, ao menos. Antes do temporal, que mandou muitos concluintes logo para casa...

Nos primeiros metros, encontro um colega que corria pela organização marcando o *pace* de 4:30. Acompanho por pouco mais de um quilômetro e me ajusto. Aquilo seria tentativa de suicídio com requintes de estupidez. Faço meus primeiros dez quilômetros em 45 minutos, os 21,1 quilômetros em 1h 37 min. Estou muito bem. Muito esforço, mas tudo sob controle. Passo no 32° quilômetro com 2h 30 min. Eu tinha 50 minutos para correr dez quilômetros e conseguir a meta sub-3h 20 min. Possível!

Encaixo a nova velocidade. Ipanema... Copacabana... As distâncias pareciam aumentar, o tempo corria mais rápido. Eu tinha dificuldades. Cada passo me deixava mais longe, estava fraco. Ao buscar um copo d'água com a mão esquerda, meu ombro travou. Da cabeça aos pés, especialmente eles, o corpo inteiro reclamava. Fiz bolhas terríveis, uma novidade muito ruim. Elas me acompanharam em cada passo. Meias e tênis usados há menos de dois meses por quase 90 quilômetros sem problemas... Palpito que uma combinação de chuva e ajustes inadequados. Não sei explicar.

Perfeito o comentário pós-prova da Bruna: "a Comrades naturaliza a caminhada". O que para muitos é vergonha ou situação limite, na África do Sul é estratégia. Assim, caminhei uns 300 metros pela Avenida Princesa Isabel... Alguns colegas demonstram surpresa ao me encontrarem caminhando. Poucas vezes os incentivos foram tão importantes. Era melhor economizar, perder minutos aqui e garantir o sorriso final. Não cogitei abandono, o simples mau humor ao final não seria bom. O limite é uma linha que só conhecemos quando a corda arrebenta. Não valia o risco. A chegada foi intensa e única como sempre. Para os olhos alheios, talvez mais celebrada que de costume. Eu comemorava mais 42,195 quilômetros e outra chegada que me aguardava na sequência. O trajeto enseada de Botafogo–Aterro foi em ritmo moderado, sem arrancada final. Poucos minutos depois, a Bruna chega. Estou imóvel, quase catatônico. Sento na grama para esperá-la no pós-prova e guarda-volumes.

Pela quarta vez, Maratona do Rio. Sou tetra! Foram sete anos de relacionamento: duas metades concluídas e uma abortada antes da largada pela quimioterapia; quatro inteiras em sequência. Tenho um compromisso pessoal com essa prova: todos os anos, a minha prioridade esportiva será completar mais uma maratona do Rio!

(Rio, 27/07/2014)

Feliz aniversário, Alvaro

Carpe diem

Estados alterados da mente – Titãs

A vida gosta de fazer surpresas. E ela apronta especialmente contra planejadores meticulosos. Por mais de 25 anos, militei nesse grupo. E falhei repetidas vezes. Achei que o erro era de execução. Não! Era de estratégia.

A nossa ação é indispensável, mas influencia muito menos no resultado do que gostaríamos. A nossa vontade, todo o nosso esforço são insuficientes. Lição aprendida e mudanças em curso.

Como eu disse antes, eu tinha um novo aniversário, porém agora queria recuperar a data original. A ideia era receber a esperada alta do oncologista no dia 11de setembro de 2014. Tudo no mesmo dia: uma longa corrida e a consulta. Quem sabe uma nova visita à psicóloga, para comentar a novidade? A conferir... Complicado conciliar tantos compromissos numa quinta-feira... O roteiro era intenso.

Subitamente, acho que eu tentei surpreender o destino. Coisa mínima, quase uma brincadeira sem consequência... Setembro? Vamos resolver isso logo! Manteria o calendário padrão, consulta pós-maratona do Rio. E assim, no improviso, a coisa se desenrolou. Tento marcar a ultrassonografia e consegui uma improvável data próxima. Ligo e consigo um horário compatível com o Daniel. Consegui agendar a consulta com relativa facilidade. Entre marcação e atendimento o intervalo foi de poucos dias. A espera somava cinco anos. O exame de sangue é simples e flexível: atrasar o café numa manhã ruim para a corrida, mais uma espetada e uns dias de espera. A restrição era antecedência mínima em relação à consulta.

A "autossurpresa" reduzia a ansiedade frente ao dia D. Ou não... Chego dez minutos antes do horário e a secretária informa que ele vai atrasar "cerca de uma hora". O que são sessenta minutos adicionais depois de cinco anos, não é mesmo? "Vou almoçar e já volto", respondo. Fico rindo sozinho pela rua... Ah, como foi bom não ter preparado um roteiro detalhado...

Eu preferia uma refeição pós-consulta, mas era o contragolpe do destino. Quem mandou tentar brincar com as surpresas, não é mesmo?! A fome é potencializada pela ansiedade do momento. Garfadas aceleradas. Escolhi estar sozinho. A vitória era produto coletivo, mas o momento era meu. Sem conversa, a comida seguia acelerada do prato para o estômago. O suco de maracujá com laranja foi engolido sem pausas. O súbito peso abdominal começava a incomodar.

De volta, o paciente do horário seguinte estava em atendimento. Difícil descrever o momento. Sim, eu estava ansioso, entretanto não havia tensão exatamente. A expectativa não era pela melhor notícia, eu queria acabar logo com aquilo. Sim, eu tinha motivos para comemorar. Mais que uma boa nova contra o câncer, eu queria mesmo é esquecer o tema. Não buscava a vitória, queria me aposentar daquele jogo. Era o triunfo numa disputa indesejada.

Explosão emocional ou a tradicional discrição sóbria? Estava curioso pela reação. Sucesso, missão cumprida. Posso colocar essa adversidade no passado, usar o verbo no pretérito. O impacto seria mesmo relevante ou era eufemismo para alguma flexibilidade na rotina de exames? Repeti essa pergunta em todas as consultas ao longo do acompanhamento. A resposta foi sempre evasiva em alguma medida. Eu estava preparado para uma "alta *light*", uma liberdade condicional. Vacinava a mente contra decepções. "Será melhor que hoje, o que é ótimo!" Eu odeio sala de espera!

O Daniel me recebe com a animação usual e pergunta pelas maratonas. Respondo em poucas palavras e mudo o rumo:

– Vamos resolver logo isso, depois conversamos.

Uma médica assistente acompanhava. Ele fez um curto preâmbulo e eu digo que aguardei durante todos os dias aquele momento.

– Eu poderia te dar uma medalha, mas não tenho uma aqui. E você já tem as de corrida, ele começou. Você pode seguir a vida com um clínico geral.

A data do aniversário não o deixa mais velho, mas é um rito de passagem. Não precisa ser antropólogo para saber que a vida é repleta de símbolos e significados. Entre sonhos e planos, aquele dia já tinha sido mentalizado muitas vezes. Por infinitos cinco anos, carreguei um peso quase insuportável. Piano, elefante, chumbo. Não há objetos que representem adequadamente a situação. Essa metáfora não pode ser construída com uma combinação de massa e força gravidade. Era grave, porém não gravitacional. Era como navegar pelo Triângulo das Bermudas. Eu tinha sido jogado num novo campo magnético que descontrolou o que eu chamava de bússola. Saí de longa tempestade. E agora, que rumo seguir? É preciso escolher algum ou posso apenas deixar o barco seguir um pouco? É preciso ser justo: tive muitas alegrias no período. E comecei a aprender a celebrá-las.

Destino era um luxo abdicado. A prioridade foi sobreviver. Sem objetivos, todos os caminhos estão errados. A minha luta foi para me manter na superfície. Eu me sentia um prisioneiro com privilégios. Alternava entre extremos. Dias de intensa alegria, com noites passadas na prisão. Um pássaro desengaiolado precisa reaprender a voar.

O amigo austríaco domina o português, no entanto ficou ainda mais branco quando eu disse que "recebi alta". "Isso é bom? Não conheço a palavra assim..." Nada tinha aumentado, eu estava livre! Explicar foi ótimo. Confesso, estou ansioso pela novidade: uma consulta sem o velho compromisso, o papo como prioridade.

Eu queria gritar, chorar, espalhar a notícia. Não... Eu queria apenas viver a boa nova. Sentir como uma pessoa normal, seja lá o que isso signifique! Mudar de assunto. Voltar a me preocupar com coisas como o desempenho do Flamengo, arrumar um doutorado, um motivo normal de estresse e aborrecimento, um esporte novo... Esse foi um desafio imposto. Sobrevivi. Agora quero outros, positivos e de livre escolha. Sou muito bom em usar a razão para controlar a emoção. Eficiência germânica! Apenas quero agir diferente. Mudar a estratégia.

O câncer bagunçou a minha vida completamente. Modificou a relação com os outros e comigo mesmo. Tudo muda em um segundo. É hora de ser menos literal e mais metafórico. O oncologista não faz um diagnóstico. Ele dá uma sentença. E a minha foi de vida. Algumas sentenças são compulsórias. Quero aproveitar a minha chance. Eu me sentia de saída da mítica caverna de Platão. Passadas algumas semanas, refletindo, digo que o maior presente foi sair daquela sala sem novos pedidos de exame de qualquer natureza. Posso retornar em um ano... ou não! A justificativa para o pedido incluirá o tradicional CA de testículo? O Daniel, como oncologista e meu médico, tem minha total confiança. Mas a partir desse momento passava para a condição principal de meu amigo. Afinal, não sou mais paciente em acompanhamento. O Daniel se tornou meu amigo, é o meu médico e tem a minha total confiança. Ele é oncologista, mas não sou paciente em acompanhamento!

Eu acredito em milagres!

> "Não importa a cor do gato. O importante é que ele cace ratos."
>
> Mao Tsé Tung

Muitas vezes a diferença entre o teimoso e o persistente depende apenas do sujeito da frase. Se estamos incluídos (eu, nós), escolho a versão positiva. Para os outros, para o chato que discorda e não aceita meus argumentos, a outra opção é a mais adequada. Assim escreveu o Dean Karnazes: "Correr o mais longe possível era uma atividade em que ser teimoso como uma mula era uma boa coisa. Combinava com a minha personalidade.". Justo!

Eu insistia em tentar curar o pé. Muito melhor do que antes era ótimo, mas eu queria normal. Antes da fisioterapia, eu havia tentado acupuntura. Os resultados foram mínimos, talvez nulos. Então aconteceu aquele treino improvável e a história que já contei. A fisioterapia mostrou seus limites no "muito melhor do que antes", porém distante do "normal". Pensei, pesquisei, consultei e não consegui alternativas. Acabo testando a indicação de um amigo. Inicialmente, temi que fazer acupuntura com japonês fosse similar a ter aulas de samba com argentino. Preconceito caminha junto com a ignorância...

Chinês, coreano, japonês; fisioterapia ou acupuntura. Eu buscava resultados. Seguindo a frase do chinês citado anteriormente, marco a consulta com o japonês recomendado. São agulhas pequenas, apenas do joelho até o pé. O sujeito parece saído de um livro, de uma história do Japão Imperial. Poucas palavras num português ruim e a disciplina que não deixa dúvidas da nacionalidade. Encerrou a primeira consulta assim:

– Se melhorar, me liga. Se não, me esquece.

Ele ignora completamente o meu depoimento. Quando insisto em relatar a evolução do pé ao longo da semana, sintetiza: "não importa que você acha, eu avalio se melhorou ou não". Ele não queria ser grosseiro, era apenas prático. Sim, houve avanços, mas ainda não venci. Gostaria muito de encerrar declarando que o pé é assunto superado. Não seria um milagre, diria que acredito na dedicação e aceito resultados indesejados.

Meu pé incha ao longo do dia, especialmente quando faz calor. Incomoda um pouco, sim, mas eu tento naturalizar. Posso manter as minhas aventuras nas corridas, o que é ótimo. Provavelmente atingi o máximo da recuperação. A conferir...

Mais uma linha de chegada

> – Não importa que o senhor não seja solista de uma grande orquestra, e mesmo de uma orquestra comum. Ninguém precisa ser grande em nada, desde que cultive alguma coisa bonita na vida.
>
> Música no Táxi, de Carlos Drummond de Andrade

> What a wonderful world – versão Joey Ramone

Um dia, sem qualquer aviso prévio, entendi. As doenças que eu tive, o muro e a mureta, são incomuns na minha idade. Eu tive doenças de velho! Como um certo Benjamim Button... O que significa? Absolutamente nada! Não acredito que o meu espírito "sério" afetou o corpo. Relato a coincidência como curiosidade, brincadeira mesmo. Os cabelos se despedem da minha cabeça involuntariamente, agora sem a influência de remédios e provavelmente sem retorno. Sinais do tempo. Nunca me senti tão jovem. A vida segue em etapas, em fases como em um videogame. Mas eu (ainda?) não sou tão otimista nem dedicado quanto o Super Mário.

Sem autoconfiança, estamos mortos. E da pior forma, mortos-vivos. O corpo apresenta as funções vitais, clinicamente vivo, moralmente morto. Quando nos domina, o medo chama-se pânico. Aprendi muito a cada passado, correndo ou não. Apenas acho que fui inflexível, a vida me ensinou a usar uma armadura. Quando corro, me sinto vivo plenamente. Para mim, não há motivação externa que se compare. Esse é o meu segredo. Acho que estou vivo e sadio (corpo e mente) porque corro. Agradeço a todos que me ajudaram, que estiveram ao meu lado nessa longa travessia.

Sou um novo homem, com uma velha história. Guardo marcas no corpo e na alma, cicatrizes que dão vida às palavras ditas no livro. Não são apenas relatos diferentes. São vidas inteiras reunidas, como histórias conectadas. Essas linhas preenchem lacunas da minha vida. Escrevo para lembrar, escrevo para esquecer. Faço um livro para concluir um capítulo da minha vida. Ao colocar o ponto final, passo por uma linha de chegada, fecho um ciclo e abro outro.

A vida é uma grande viagem, em casa ou fora dela. Viver é colecionar histórias e experiências. Corro porque estou vivo. Corro porque me sinto vivo correndo. O que a gente leva da vida é a vida que a gente leva. O câncer não fez de mim corredor melhor ou pior. É apenas capítulo da minha história. Alguns fantasmas ainda tentam se agarrar aos meus pés. Corro deles! E a vida segue entre picos e vales, como indica um eletrocardiograma. E a altimetria da Comrades. A corrida me ajudou a curar a cabeça, me colocou nas palavras e me apresentou a Bruna.

Planejar é apenas um pequeno conforto diante do caos. Aprendi que somos o protagonista da nossa vida, não o roteirista. A interpretação é livre: Deus, destino, acaso... Somos limitados às nossas escolhas, o resultado depende de um conjunto mais amplo de fatores. Sucesso é apenas uma pequena fração dentro das possibilidades. Mesmo com dedicação, com preparação, os planos podem simplesmente dar errado. Os sonhos podem não acontecer. Não sei como funciona o universo. Talvez seja uma combinação de fatores, Deus jogando dados, por exemplo. Ou não... Seja como for, a surpresa faz parte do desafio. E acho melhor não tentar violar as regras. Recomendo apenas que cada um use o seu melhor, se dedique ao máximo. Que assim seja. Seja o seu herói, assuma o papel principal da sua vida. Entre erros e acertos, procuro ser o exemplo que eu gostaria de seguir.

Espero que tenha aguentado este relato-maratona até o fim. Ficar exausto da corrida faz parte do jogo; já tédio com a leitura é dispensável... Se continuou a leitura até aqui, participou da viagem comigo. Obrigado pela companhia e até logo!

Ah, se alguém falar sobre uma maratona, por favor, não pergunte a distância!

Respirar, transpirar e meditar

Quando pequeno, mais quieto que ativo
para correr, a bola como grande motivo
agora rola no estádio e na televisão
acompanhando o time do coração.

Adulto, formado economista
de berço, sempre flamenguista.
Gasto passos, economizados na infância,
em corridas de toda distância.

Prisioneiro voluntário das passadas
não há marcas ou linha de chegada.
Apenas aproveito a jornada.

Como disse um tal Emil Zatopek
Com suas caretas, incomuns em campeão
Corra a maratona, será uma revolução!

Se curiosos, assustados, questionarem
na resposta, não use a razão.
Fale a verdade, uma paixão.

Vento no rosto, desafio, corpo em movimento.
Cada segundo, seja rápido ou lento
uso pés, pernas e coração
Que seguem bombeando sangue e emoção
Não fuja da dor
Ame-a! E use-a a seu favor.
Ela separa a vida da morte
Treine, lute; não fale em sorte
Não fuja da dor
Abrace-a! E aprenda seu valor.

Interessado, se quiser iniciar,
Terá um novo mundo a desbravar
Muito suor e aventuras a esperar

Às vezes, esqueça o relógio, a obrigação.
Brinque, ria, é pura diversão.
Siga seu corpo, ajuste a velocidade
De quinze a noventa, em toda idade
Experimente-se nessa forma de liberdade.

Quando é a próxima corrida?

BÔNUS!

"Leva-se um longo tempo para vir a ser jovem."

Pablo Picasso

A Origem

No dia 9 de novembro, estamos em 2014, começava o terço final da viagem. Depois de muitos *gyros*, *kebabes* e *slovaks* – a culinária grega – eu ia correr a maratona de Atenas. Ainda no Brasil, um amigo informou que aquele era o circuito original. Outro disse que era o mesmo trajeto da prova olímpica de 2004, com chegada no estádio Panathinaiko, palco de disputas dos Jogos de 1896. Apenas fiz a inscrição, propositalmente sem pesquisas. Escolhi viver as surpresas.

Começamos em Maratona – a planície que deu nome à prova – e terminamos na capital grega. O deslocamento até a largada é "à carioca". Transporte de ônibus, numa bagunça que a crença no sucesso é quase uma questão de fé. As instruções da fila seguem em grego (!) e a confusão aumenta. Se, na edição olímpica, o primeiro colocado foi atacado, o que esperar da organização de uma prova para muitos amadores e alguns poucos profissionais menos expressivos? Como acontece por aqui, depois de algum tempo, tudo se ajeita e chegamos ao destino.

A expectativa aumentava. Apesar das belíssimas paisagens gregas, nosso roteiro é predominantemente urbano, sem maiores atrativos. Passadas históricas naquele espaço que o tempo modificou. Eu estava tenso, exageradamente ansioso. Talvez a falta de corrida nas semanas de viagem, a comilança extra, ou ambos. "Não desaprendi a correr. O objetivo é apenas me divertir!" Assumo, eu me sentia pressionado pela importância do evento. Estava a poucos momentos de uma das maratonas mais desejadas, um dos meus sonhos de corredor.

A largada acontece ao lado de um modesto e simpático estádio de atletismo. Como por encanto, tudo se transforma e estou na prova mais organizada já corrida na vida. Avisos em três idiomas e muitos voluntários colaborando. Largadas em várias ondas para mitigar o relativo aperto das ruas. Uma grande festa!

Duas histórias roubaram a cena aquele dia. No 14º quilômetro, sou ultrapassado por uma senhora que exibia uma camisa que dizia em inglês "minha centésima maratona". Conquistou o meu respeito imediatamente. Pouco à frente, um alemão mostrava, no seu idioma, "minha 50ª maratona". Que dupla! Então a colega centenária se aproxima do cinquentão e, numa surpreendente brincadeira, aponta para a própria camisa. Surpreso, ele responde entre risadas: "você é doida!" Passo o cinquentão e sou superado pela centenária. Seguimos.

Garotos distribuem alguns pequenos ramos de oliveira, que agarro como ouro olímpico. Poucos quilômetros depois, vejo um sujeito cuja camisa informa, em inglês, simplesmente "eu corri 48 maratonas em 2013!" Caramba, que gente é essa? Depois me acham maluco... Puxo assunto. Ele descobre que sou do Brasil e diz que fala português. Conversamos. Sidy mora na França e conta que também correu do Recreio ao Aterro em 2013. Fala detalhes da prova e da minha cidade.

Agora mais lento, acompanhando aquela lenda viva, o cinquentão nos ultrapassa e comenta alguma coisa com o Sidy, que responde em alemão. Uns italianos também são respondidos no próprio idioma. Diante da minha expressão de perplexidade, ele se adianta e diz que fala "um pouquinho de vários idiomas". Não sei o que ele chama de "um pouquinho", em português ele é fluente! Acelero. Ultrapasso um Fidípides devidamente caracterizado. Resolvi não quebrar a sua concentração e não me manifestei.

A segunda metade é cheia de descidas. Minha velocidade aumenta sem esforço e o tempo final projetado fica mais rápido que o esperado.

No 36º quilômetro, aquele onde o Vanderlei Cordeiro de Lima foi atacado, reproduzo o aviãozinho que ele imortalizou. Era o primeiro do dia.

Nos quilômetros finais, aumenta o apoio pelas ruas. Desce para lá, para cá, e o estádio fica mais próximo. Para valorizar o dia, reduzo a marcha. Não tenho pressa. A trilha sonora ao estilo "academia" conteve o brilho de uma chegada mágica. Detalhe... Eu corria pela tradição. Vivi a história, uma grande experiência. O segundo aviãozinho, agora nos metros finais, foi outra homenagem ao nosso medalhista da maratona. Emocionante!

Contatos imediatos

Eu não acredito em fantasmas, no entanto vivi algo tão improvável que passei a considerar os contatos imediatos espirituais. Estou em Istambul. Capital de três impérios, caldeirão cultural, conexão entre Europa e Ásia. Corria a maratona de Atenas dias antes.

A mais famosa enciclopédia da internet informa que a cidade tem 14 milhões de habitantes. O metrô é modesto se comparado ao de Paris ou de Londres, algumas vezes maior que o de São Paulo. O avião fica passeando pela pista, depois o ônibus do desembarque empreende um pequeno *tour* pelo aeroporto Ataturk. Mais de meia hora no processo. Quase meia-noite, temos dez minutos para chegar ao metrô. Carregando a bagagem e diante das longas distâncias do aeroporto, é preciso acelerar.

Um passageiro que não se posicionou perfeitamente no canto direito da escada rolante quase foi atropelado pela Bruna. Correria. Mais leve de bagagens, ele nos passa e recomenda pressa. Aceleramos o possível. Ele vai apontando o caminho. Bilhetes comprados, passamos na roleta, ofegantes.

– Podem relaxar agora, o trem precisa esperar.

Trocamos mais algumas frases com calma. Pelo horário, provavelmente não conseguiríamos a conexão com a outra linha. *Taksi* (táxi em turco) era a melhor opção para completar o trajeto até o hotel. Poucas estações depois, nos despedimos e seguimos o conselho. O motorista precisa pedir informações pelo caminho, mas chegamos ao destino sem maiores problemas. Era segunda-feira.

Nossa ideia era buscar o *kit* da corrida na quinta. Na véspera, com o clima chuvoso, antecipamos os planos. A exposição é poucas estações antes do aeroporto. Compramos o bilhete e entramos no vagão. Parcialmente cheio, sigo para o mapa, planejando a baldeação. Então, ouvimos:

– *Hello guys, again? Where are you going now?* (Oi, pessoal, de novo? Onde vocês vão agora?)

Encontramos novamente nosso guia logístico, o sujeito que nos ajudou no aeroporto! Quando parei de gaguejar, fiquei sabendo que o Khalil mora em Londres, estava apenas de passagem pela cidade. Não sou do tipo que "vira a manteiga para baixo para não gastar sorte com pequenas coisas", mas as chances desse encontro são semelhantes às de uma loteria acumulada. Ou de um contato imediato.

O combo mediterrâneo

Atenas e Istambul são destinos turísticos famosos e prestigiados. Um paraíso para os amantes da História, especialmente da Antiga. A proximidade geográfica as coloca muitas vezes na mesma viagem. O calendário do corredor, também. A maratona na capital grega aconteceu dia 09 de novembro, na turca, 16 de novembro. Tenho acompanhado essa proximidade tentadora há alguns anos.

Sim, a minha missão era dupla. E na segunda etapa, eu tinha companhia. A namorada maratonista é mais conservadora, treina mesmo em viagem e prefere aventura no singular. Pensou, pensou e escolheu debutar internacionalmente passeando em dois continentes e cruzando o Bósforo. Nada mal...

Correr tanto em pouco tempo não é simplesmente "loucura". Depende da preparação. E a recuperação do corpo é muito mais rápida se você segue a 70, 80% da sua capacidade máxima. Meu único compromisso com o relógio era acelerar pouco. De resto, me divertir e completar as duas provas. Assim corri a maioria das minhas maratonas. Força total foi exceção.

Vi mais de uma dezena de sul-africanos na mesma situação de candidatos à dobradinha. Eles usavam camisetas e casacos personalizados, com referências às duas provas. Vários outros corriam em Istambul com a camisa da semana anterior. Loucura ou não, eu não era o único na empreitada!

A parte oriental provavelmente não chega a um quilômetro. Ainda que o diploma final me classifique como "maratonista intercontinental", ainda aguardo uma maratona integralmente na Ásia. Em contraste com os gregos, a largada turca foi uma bagunça completa. Mesmo muito bem posicionado, não escapei do tumulto. Blocos de caminhantes se misturavam a corredores lentos e rápidos. O tal "selo Gold da IAAF" deve valer para profissionais apenas... Tudo bem, eu queria mesmo seguir lentamente pela famosa ponte. Sim, o visual é lindo, porém a importância milenar daquele lugar dominava meus pensamentos. Mais que cruzar um estreito, conectava dois mundos. Depois de mera fração da nossa Rio-Niterói, estamos na Europa da Geografia.

Na sequência, subida breve e descida longa. Como de hábito, subo forte e desço fraco. Mais rápido que uns, mais lento que muitos outros. A pluralidade do evento seguia as características da cidade. Pessoas do mundo inteiro dividiam espaço. Imponentes mesquitas se mostravam por todos os lados.

A segunda ponte, coadjuvante, quase figurante, nos conduz por caminhos ainda mais estimulantes. Na sequência, concluem os de dez quilômetros, a prova mais curta. Pouco depois, maratonistas e 15 quilômetros se separam. Menos gente nas ruas não muito largas, ficamos mais confortáveis. Em breve, o primeiro retorno.

Tenho um amigo – aquele que disputa bananas de chocolate em restaurante japonês – que diz que vai ao limite, no entanto não chega atrás de corredor fantasiado. Não tenho esse trauma ou fobia, mas confesso que fiquei "tenso" quando achei que viveria algo muito, muito pior! O sujeito já fazia o caminho de volta pós-retorno, talvez uns dois quilômetros na minha dianteira. O cidadão usava trajes de corrida, mas fazia... malabarismos! Corria num *pace* provavelmente abaixo de 5:30 jogando bolinhas para o alto! Era melhor perder para super-heróis...

Tempos depois, alcanço o maratonista de circo. Exclamo os melhores elogios e tento não distraí-lo. Sigo. Agora o cenário é à beira-mar, com novo retorno ainda distante. A temperatura era perfeita – algo perto de 16 °C – às vezes, com leve garoa. O vento era dispensável, mas participava da festa.

Uma breve e acentuada subida leva ao 40° quilômetro. Cruzamos um parque ou praça e estamos nos arredores da chegada. Se na Grécia a trilha sonora não ajudou, aqui, *Eye of the Tiger* acelerou o final. Grades estreitam o caminho e potencializam a emoção. São centenas de pessoas muito animadas gritando incentivos. Todos aceleram o quanto podem. Uma chegada empolgante, depois de um início nada promissor.

Bananas foram distribuídas em vários pontos, água foi abundante, mas maratona sem isotônico? Com a palavra, os especialistas... Um belo passeio, uma prova com críticas.

Num curtíssimo espaço de tempo, corri duas das minhas mais desejadas maratonas. E consumiram apenas dois dias da viagem... Eu diria que a maratona mais dura foi a subsequente e longa volta para casa. Recomendo a dobradinha "maraturística"! Mas com preparação compatível, hein!

Cronologia Resumida[13]

1. 28/06/2008: 21,1 km – Meia Maratona do Rio de Janeiro – "Meus primeiros passos"

   Abril-julho de 2009: "O muro"

   Maio/2009 – 2010: "A muralha"

8. 23/05/2010: 42,2 km – Maratona de Porto Alegre – "A Travessia"
9. 18/07/2010: 21,1 km – Meia Maratona do Rio de Janeiro – "Mais uma metade"
12. 26/09/2010: 21,1 km – Meia Maratona Circuito Athenas – "O 1º duelo"
15. 05/12/2010: 17,8 km – Volta da Pampulha – Belo Horizonte/MG – "Qual é o seu vício?"
17. 17/04/2011: 21,1 km – Meia Maratona da Ponte – "Pontes e conexões"
19. 19/06/2011: 42,2 km – Maratona de São Paulo – "Caminhos Paulistas"
21. 17/07/2011: 42,2 km – Maratona do Rio – "Em casa, finalmente"
25. 09/10/2011: 42,2 km – Maratona de Buenos Aires – "Entre bifes e alfajores"
27. 31/12/2011: 15 km – Corrida de São Silvestre – "Caminhos da São Silvestre: tradições, alterações e surpresas"
29. 12/02/2012: 5 km – Corre aí na Sapucaí — "Meus heróis correram maratonas"
30. 18/03/2012: 42,2 km – Maratona de Roma – Maratona de maratonas (parte I)
31. 25/03/2012: 42,2 km – Maratona de Bergen – Maratona de maratonas (parte II)
32. 01/04/2012: 42,2 km – Maratona de Santiago – Maratona de maratonas (parte III)

---

13 A lista inclui apenas as provas mencionadas ao longo do texto. Os números iniciais apontam a minha contabilidade total de corridas.

33. 07/04/2012: 56 km – Two Oceans Marathon – Maratona de maratonas (parte IV)

36. 03/06/2012: 5 km – Corporate Run – "Relato corporativo"

37. 17/06/2012: 21,1 km – Meia Maratona de Floripa – "E 2012 passou **rápido...**"

39. 08/07/2012 42,2 km – Maratona do Rio – "Doping Climático"

43. 02/09/2012: Dez milhas Garoto – "O antigo e o novo"

44. 30/09/2012: 42,2 km – Maratona de Foz do Iguaçu – "10 x 42.195"

45. 14/10/2012: 5 km – Santos Dumont – RJ – "Corra com o coração (na boca)"

47. 04/11/2012: 21,1 km – Golden Four Asics Brasília – "E 2012 passou **rápido...**"

48. 18/11/2012: 42,2 km – Maratona de Curitiba – "Lições curitibanas"

49. 09/12/2012:10 km – IV Corrida e Caminhada pela vida – "Um passo após o outro... Surpresa!"

50. 19/05/2013: 21,4 km – Corrida da Ponte – "Pontes e conexões"

51. 02/06/2013: 87 km – Comrades – "O mais longo dos dias"

57. 13/04/2014: 50 km – X Terra Paraty (6 + 50 + 1,8) – "O purgatório"

60. 01/06/2014: 89 km – Comrades – "A volta"

61. 27/07/2014: 42,2 km – Maratona do Rio – "É Tetra!"

65. 09/11/2014: 42,2 km – Maratona de Atenas – "A origem"

66. 16/11/2014: 42,2 km – Maratona de Istambul – "O combo mediterrâneo"

Diário de um Corredor

Histórias de motivação, superação e diversão

Faço Palestras:

www.alvaroreis.com.br

Meus primeiros passos... Oficialmente corredor

A Travessia, minha primeira maratona

A Travessia, minha primeira maratona

O primeiro duelo, minha primeira vitória!

Caminhos paulistas

Maratona de São Paulo: 'Duas oportunidades, mas apenas uma chance'

Álvaro Reis

RODRIGO MACHADO (à esquerda), Bruna Zolini, Álvaro Reis e Alessandro Augusto, vencedores da promoção do Pulso, com Franck Caldeira (ao centro)

Meu depoimento em O Globo (24/06/2011)

Pela estrada afora... Com Márcio Vilar e seus amigos.

Depois da maratona, antes dos bifes.

"Eu estou na foto!"

Novos amigos

A primeira maratona em casa.

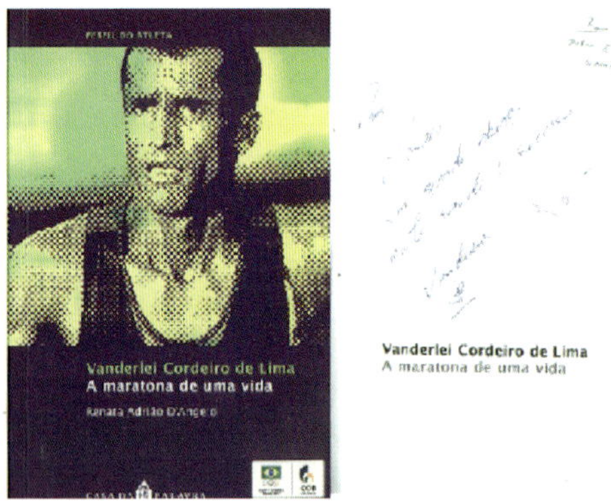

Troféu assinado

A cesta rubro negra

Com o Vanderlei em Foz do Iguaçu

Corrida no museu

Na terra do bacalhau

Mais uma etapa, Santiago.

Fazendo pose para a câmera.

Aquele abraço... Meus primeiros 56 km!

No meio do caminho tinha um elefante. Namíbia!

Recorde sob *doping* climático

Fazendo força em Florianópolis

Trabalho em equipe

Meus 500 metros de fama

Passeando pela ponte

Flora
COMRADES MARATHON
FINISH 2013
NEDBANK
COMRADES
MARATHON
YOU NEED A
STRONG HEART
TODAY!

A ida

Estados alterados da mente

YOU NEED
STRONG HEA
TODAY!
Flora
NEDBANK
D15243
ALVARO

Pole pole, Kilimanjaro

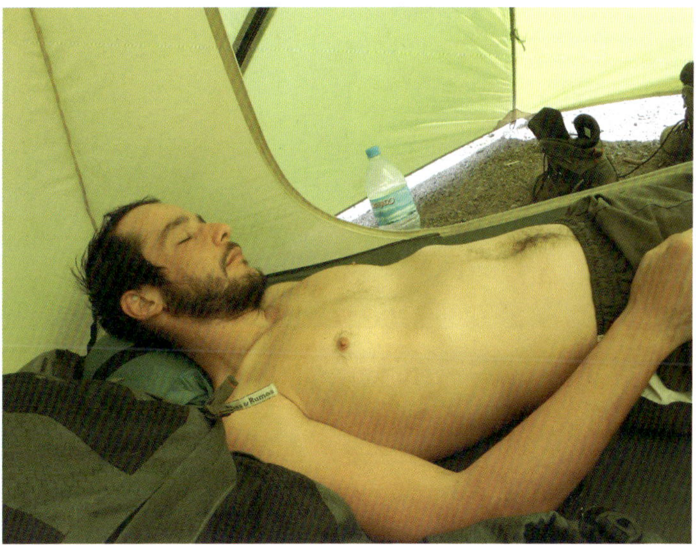

Soneca...

No topo da África

No topo da África

Acho que eu vi um gatinho

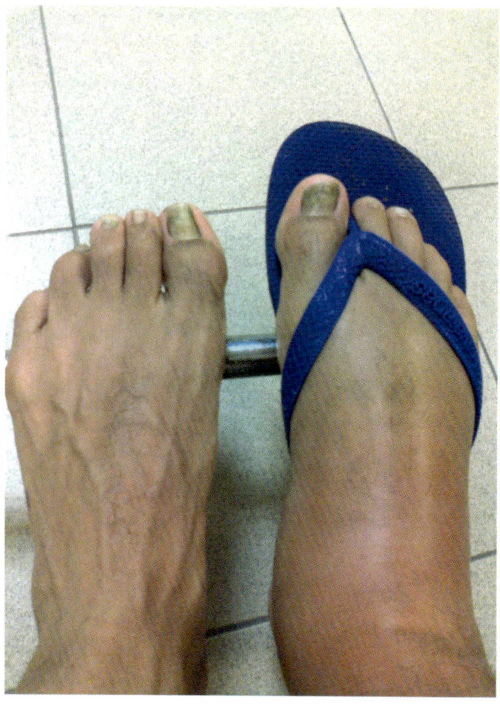

Sob o ataque das bactérias

Passeio de casal: maratona do Rio 2013

A volta

running in
NEDBANK
C13784
Roelof
NEDBANK
COMRADES MARATHON 2014
D15243
Alvaro
Runs 1

A volta

Na origem de tudo

Dois continentes, uma corrida

Este livro foi impresso nas oficinas gráficas da Editora Vozes Ltda.,
Rua Frei Luís, 100 – Petrópolis, RJ.